中国式投资

周易六十四卦破解六十四个全球并购案例

单 翔 苏睿纳 梁 琦 著

中信出版社 · CHINACITICPRESS · 北京 ·

图书在版编目(CIP)数据

中国式投资：周易六十四卦破解六十四个全球并购案例 / 单翔，苏睿纳，梁琦著．
—北京：中信出版社，2014.1
ISBN 978-7-5086-4339-7
Ⅰ．①中… Ⅱ．①单… ②苏… ③梁… Ⅲ．①跨国兼并—研究—中国 Ⅳ．①F279.247
中国版本图书馆CIP数据核字(2013)第269176号

中国式投资：周易六十四卦破解六十四个全球并购案例

著　　者：单　翔　苏睿纳　梁　琦
策划推广：中信出版社（China CITIC Press）
出版发行：中信出版集团股份有限公司
（北京市朝阳区惠新东街甲4号富盛大厦2座　邮编　100029）
（CITIC Publishing Group）
承 印 者：河北鸿祥印刷有限公司
开　　本：700mm×1000mm 1/16　　印　　张：15　　字　　数：196千字
版　　次：2014年1月第1版　　印　　次：2014年1月第1次印刷
广告经营许可证：京朝工商广字第8087号
书　　号：978-7-5086-4339-7/F·3069
定　　价：32.00元

目录

CONTENTS 中国式投资

目录

CONTENTS 中国式投资

目录

中国式投资

CONTENTS

目录

CONTENTS 中国式投资

目录

CONTENTS 中国式投资

目
录

CONTENTS 中国式投资

序

自从泰勒等人在20世纪初创建了科学管理理论体系以来，我们管理学的研究大多是沿袭西方的理论框架体系。从80年代开始，我们的管理学一直以借鉴西方管理学的学科体系为主要发展思路。西方管理科学的研究强调数理逻辑分析，要求方法严谨，细节上经得起推敲，符合学术研究所需要的缜密性。由于在管理学研究领域流行的理论大多是西方学者总结出来的，目的在于解决西方企业管理中遇到的实际问题，一些理论及观点的提出，都是基于西方企业所处的文化背景，他们很少关注中国情境下本土的企业会遇到什么样的特殊问题，所以很多时候我们用西方的理论视角来审视中国企业经营管理中出现的问题，就容易出现偏差，将西方管理理论、方法和技术运用到中国企业实际经营管理活动中，也往往出现“水土不服”、事倍功半的现象。因此，我认为，要搞好中国的企业管理工作，不能简单地奉行“拿来主义”，只能在学习和借鉴西方管理理论的基础上，结合中国的实情，建立中国式的管理理论体系，并以此来指导中国企业的经营管理工作，才能达到我们的目的。

“古今中外”这四个字，本是统一的，但我们在管理学上往往人为地把它们分开。我多年前就开始关注管理学的中国特性，近些年我国学术界也一直在讨论中国式的管理理论问题。像我在2005年参加了由国务院发展研究中心、中国企业联合会、清华大学三个单位联合发起成立的课题组，开展对《中国式企业管理科学基础研究》的课题研究，我负责中国式企业人力资源管理领域。此研究由课题组投入百余名专家学者历时6年多圆满完成，研究成果于2012年底出版，共33本专著，总报告总结归纳的当代中国成功企业的管理实践突出的九大共性，依次为：中的精神、变的战略、强的领袖、家的组织、融的文化、和的环境、集的创新、搏的营销和敏的运营。但是，在投资并购研究领域，还鲜见有基于中国情境的研究成果的发表或出版。

单翔、苏睿纳、梁琦近几年来一直致力于这一问题的研究和思考，他们合作完成的《中国式投资——周易六十四卦破解六十四个全球并购案例》一书即将出版，这让我感到很高兴。书中运用六十四卦卦理来剖析64个比较典型的全球并购案例，包含了许多战略管理思想。它不仅关注到管理学的哲学基础，更重要的是它尝试从《易经》这个中国哲学基石中提取一套管理经验与理念。如何在我国传统的文化根脉基础上建立起我们自己的企业投资并购的理论大厦，这本书做了一些有益的尝试，我觉得这本书出得很是时候。这本书的视角也很独特，它关注大战略、大格局、大趋势，尤其难得的是，作者将晦涩的六十四卦写得通俗易懂，将枯燥的64个商战并购案例描述得生动有趣而又颇有深意，很值得一读。

我祝愿作者在这条路上继续走下去，同时建议在以后的研究中能够超越单个案例的经验概括，深入挖掘和寻找一般性的规律，为建立中国式的管理理论大厦添砖加瓦。

受作者之邀，特作此序。

南京大学商学院名誉院长、特聘教授、博导

赵曙明 博士

2013年9月12日于南京湖滨世纪花园

PREFACE
中国式投资

前言

一、为什么要读《易经》？

近代以来我们一直在学习，学习西方的先进技术，学习西方的先进文化。我们从西方学来了很多理论与经验，在这些理论和经验的帮助下我们解决了很多问题，但是在移植这些理论和经验的过程中，我们也发现了另外的一些问题。主要是我们的环境跟西方理论和经验生成的那个环境不太一样，所以外来的理论和经验在中国本土存在着一定的适用性问题，这点在社会科学领域尤其明显。常常表现在，我们用一个西方舶来的理论来解决我们社会中的问题时，就可能会出现各种各样的不当之处，乃至负面影响。当外来的经验在适用性上出现问题的时候，这就需要我们进行自我反思，重新审视自己的过去。只有重新认识自己的独特性，才能更好地了解什么是最适合自己的道路。要了解自己的过去，就要了解过去指导我们行为的思想，而《易经》作为塑造中国人思维方式的主要智慧成果，是我们避不开的，这就是为什么我们要把《易经》拿出来重读的原因。

我们过去的思维方式独特在什么地方？在东方思维框架中，人是环境的一部分，环境对人起着决定性的作用。那么，人从对环境的感悟中获取智慧就很重要。“悟”就是东方思维中一个非常特殊的地方。阴阳之间的辩证统一关系则是我们“悟”出来的精髓，其集大成者就是《易经》。

《易经》长久以来影响着中国人的思维习惯与处世方式。但《易经》又是一本出了名难懂的书，而且因为它本身又与卜算相关，被后人附会了很多神秘色彩，所以也就非常容易被人误解。因为误解，所以很草率地对它下判断；因为误解，所以无法去其糟粕、取其精华。消除误解最根本的方法就是揭开它的面纱，熟悉它、了解它，让它为我所用。我们现在对《易经》进行重新解读的一个主要原因，也就是想从这本经受了时光考验的智慧遗产中，汲取对我们现代生活有帮助的东西。

二、怎么读《易经》？

《易经》有价值，但我们现在学它有两个困难。第一个困难就是它很难读懂。很多人有心想学，但只要一翻开书就会碰钉子，一是因为它是用古文写的，难理解；二是因为，它的文字都是一些占卜辞的记录，短小精悍又非常零碎，让人很难抓住要领。很多人往往就此放弃了。第二个困难，就是读懂了之后怎么用？因为《易经》是一本古书，那么古人的智慧对我们现代人有多少指导意义？这些智慧对我们有什么用？可操作性在什么地方？怎么去粗取精，让它为现代人所用？

鉴于这两个困难，我们这本书就选择了另外一种途径。因为本书是写给初学者的，所以我们决定不纠缠文本，而是直接把自己对《易经》的理解用通俗易懂的话语表述出来，希望对初学者把握《易经》整体体系能有一些帮助。

在阅读的过程中，读者只要把握住《易经》思维模式的特点就可以了。《易经》的思维模式是典型的东方式体悟思维。它有两个特点：一是它认为宇宙自然的运转规律是统一的，而人的行为更是受到这种大规律的限制；二是它强调变，阴阳二力是宇宙中最原始的两股力量，在这一正一反两股力量的支配下，万事万物都在不断变化。

在这两个认识的基础上，易经把事物的运转过程划分出64个阶段，并指出这些阶段本身和阶段之间都有着一定的运动规律，把握住规律就能了解事物发展的方向。正是因为《易经》关注变化本身的内在联系，所以它就非常有战略指导意义。熟悉西方思维方式的人都知道，西方讲究实证，就是用一套很精妙的技巧总结过去的经验，然后得出来一个结论，再以此来引导自己在未来的行为。但在做战略性决策的时候，只有过去的资料是不够的，还要能把握当下以及未来的发展方向，要能感知出来变化是从哪出来、往哪走，《易经》关注的恰恰就是这点。从古至今，很多政治家和军事家推崇《易经》也是这个原因。

至于解决"《易经》有什么用处"这个问题？我们主要通过案例解说的方式，来阐述《易经》每一卦的思想精髓。我们选择了64个比较符合《易经》六十四卦主旨的并购案例。按照我们自己对《易经》六十四卦每一卦的理解，用通俗易懂的语言进行一番新的阐释，并在此基础上发掘出《易经》在指导投资实践中的价值。

三、做投资怎么用《易经》？

为什么我们会写一本《易经》和投资相结合的书？这跟作者的实践经验有很大关联。本书的作者在投资领域耕作多年，在实践中发现，长期以来指导投资的一些西方理论在中国环境下容易出现水土不服。对于经济行为的估算，不能仅仅停留在数理逻辑、刻板条文上，还要跳出投资本身来关注影响投资的人和环境。环境怎么变，环境对人有什么限制，人在环境中会有什么不同的策略，这些问题恰恰是《易经》着重叙述的。所以在做投资时，回过头学《易经》，从经验上来讲就有必要，从把握战略方向上来说更有必要，可以说是对流行理论不足之处的一些补充。

严格来说，我们这本书并不是学理探讨，而是更偏向阐述《易经》哲学思想在并购投资决策中的战略指导意义。因此，本书更像一个对策纲要，而不是学术论证。我们这本书叫《中国式投资》，也是基于此。另外，对于书中很多并购案，我们并不是直接参与者，所以就会存在认知偏差甚至判断错误的情况，对一些资料的真实性也就无法做出确切判断。这是读者在阅读之前需要原谅我们的地方。

PART 1

第一部分

上经三十卦

一、乾卦

嘉吉成名路：自强不息，坐拥天下

卦意小解

乾卦强调“天行健，君子以自强不息”，就是敦促我们无论在什么时候都要锐意进取、积极行动。

另外乾卦还告诫我们，在积极进取时不能盲目，“自强不息”也是有讲究的。比如，一开始若不够强大，那就先把自己藏起来。这时候的积极进取是练内功、潜心等待机会。等到实力够了之后，才更容易抓住机会。乾卦还说，成事之后，也要继续努力，不能沾沾自喜，否则就可能遇到大失败被打回原形。

时刻保持积极向上的心态，成功便会越来越稳固。

案例

美国嘉吉公司的成长过程就很好地诠释了“自强不息”的精髓。嘉吉公司成立于 1865 年，其创始人威廉·华莱士·嘉吉从承包粮食仓库收保管费开始，一手将嘉吉公司发展成为美国最大的私人控股公司之一[1]。嘉吉公司 2012 年销售额为 1338 亿美元，净利约为 11 亿美元[2]，它常年稳坐全美非上市公司头把交椅，手掌全球粮食贸易的半壁江山，不仅垄断了美国玉米、大豆、小麦的出口，而且对许多其他国家的粮食贸易也有着很强的控制力。

它在发展初期深谙潜藏低调、闷声发财的道理。嘉吉是做谷物贸易起家的私营企业，而谷物贸易作为一个传统行业，其贸易商会面临各种非市场因素的风险。“二战”前，全球各地只要发生大规模饥荒，私人粮商的粮仓便是首当其冲被哄抢的目标。为了避免带来不必要的麻烦，嘉吉一直保持神秘低调的作风，也从不随便炫耀实力，并以不为外界和消费者所知为荣。

嘉吉不仅懂得潜藏，还懂得适时表现。“二战”前，谷物跨境贸易很少超过 3000 万吨，但“二战”后，美国政府的粮食对外援助政策使得谷物贸易开始以亿吨为单位计算，粮食的全球流通开始媲美石油。美国政府决定向外输出粮食对于粮商们意味着什么呢？这意味着谁能够接手国家业务，谁就能够在以后掌握全球粮食贸易。当时嘉吉虽已在粮食贸易行业中崭露头角，但相对于资源更丰厚的其他粮商来说仍然是一个后起之秀。如何借着美国粮食对外援助政策的大东风扶摇直上，这需要嘉吉在时机成熟时表现自己。瞅准了机会，嘉吉这条龙就跃出潜藏已久的深渊。

1973 年，从不披露财务状况的嘉吉在《华尔街日报》上刊登了一则广告，声称因为要参与收购一家水泥公司的竞标，所以公布自己的业绩报表。在广告上，

[1] 按照销售额排名来算，嘉吉公司是全美第一大非上市公司，年均销售额过千亿美元。相关资料可参见福布斯中文网的相关排名记录。网址：http://www.forbeschina.com/review/atlas/003084_1.shtml。

[2] 相关收入数据来自嘉吉公司的网站：http://www.cargill.com/company/glance/index.jsp。

嘉吉列出了自己每年52亿美元的净销售额、3.52亿美元的净利润[1]。这个广告一出来，让很多不了解粮食贸易的人感到惊讶，嘉吉太能赚钱了。这个广告名为收购公司，其实主要目的在于向世人彰显自己的实力。虽然水泥公司最后没有被收购，但是嘉吉却因这一则广告开始进入普通人的视野。自然而然，嘉吉坐稳了美国粮食对外援助政策主要执行者的位子。

1973年的那则广告，使得嘉吉成为被追逐的对象。众多资本纷纷找上门来，想与嘉吉合作。但嘉吉没有被成功冲昏头脑，它在经营上依然保持着谨慎作风，将业务和资本都集中在自己最有优势的领域。因为在谷物贸易中控制仓储和运输很重要，嘉吉在扩张时期就着力构建辐射全球的基础设施。1998年嘉吉收购了大陆谷物公司的粮食处理业务，通过这一次收购它拿到了大陆谷物公司的码头、驳船队伍，使得嘉吉的粮食储备和运输能力一下子上了一个台阶[2]。与此同时，嘉吉在加拿大阿尔伯塔省买下了温哥华的小麦仓储体系，并在之后一段时间内，通过并购实现了对巴西的塞拉多、阿根廷的潘帕斯和圣马丁将军港这些粮食贸易核心基地的控制。

一直以来，嘉吉的投资都集中在自己的优势领域。在整个20世纪80年代，嘉吉开展了众多投资项目，其中大部分与农业和初级商品的贸易、运输相关。嘉吉在第一代就定下了禁止出售股权的规矩，确保了真正的家族控制，从而使嘉吉的发展远离任何短期股东所带来的外部压力。家族企业的优势在于传承，长期的投资激励带来的好处是品牌和运营的持续升级，深厚的业务专长与无法替代的家族关系资源都使得嘉吉这个家族企业的积累很难被后来者超越。

正是在发展壮大之后保持初始的谨慎、进取，嘉吉最终坐稳了江山。

---

[1] 丹·摩根:《粮食大亨》，北京：对外贸易出版社，1982年版，第203页。

[2] Marvin Hayenga and Robert Wisner, "Cargill's Acquisition of Continental Grain's Grain Merchandising Business." ,Review of Agricultural Economics,2000,22(1): 252-266。

二、坤卦

思科并购：有钱一起赚

卦意小解

乾之后是坤，乾是天道刚健，坤则是地柔宽厚。坤卦讲究“地势坤，君子以厚德载物”，要君子效法大地宽厚承载的美德。

坤卦的一个精要就是要能“载物”。首先，“载物”要能分辨出这些“外物”值不值得载。其次，“载物”的时候要有实力、用巧力。处世要像大地一样耿直、端正、豁达，坚守正道、顺势而为。最后，要注意收敛。不居功自傲，不把自己推到危险的境地，像大地那样谦虚谨慎，做事就能一路顺遂。

对于经营企业而言，坤卦的启示在于：追求发展的时候最好带着别人一起发展，要能取人之长，也要能补人所短，善于承载别人，方能成就更强大的自己。

案例

思科是依靠并购实现飞速发展的典型,它的并购模式就是一种“载物”模式。它在1993—2005年间先后收购了100多家公司，在整个20世纪90年代后半期，思科的年销售额一直保持着高速增长[1]。但它并没有像其他公司那样陷入并购陷阱，其中一个重要原因是它善于“载物”，不仅善于承载并购来的公司，更善于承载并购来的人才。

正是善于承载并购来的企业，所以思科以非常快的发展速度超过了其他以创新为主导的竞争者。思科跟其他科技企业最大的不同之处在于，它的技术有三成是通过并购获得的。它的并购很独特，很多时候只是扮演一个资源整合者的角色。它把那些有增长潜力和技术优势的企业，按照一套技术标准整合在一个以自己为中心的商业生态系统中，既保持了这些企业一定程度的独立发展以及技术优势，同时又能有效地让这些企业为自己服务。思科好比是大树，其他企业则是依靠这个大树生存的生物。整个体系好像是一个小的生态系统，思科和这些企业一起共同进化。

那么它是怎么构建这个商业生态系统的呢？这就要依赖专业化并购。思科的并购行为独树一帜，从物色对象、确定考察、谈判乃至签约都由专门负责并购业务的发展部来完成[2]。这并不稀奇,一般企业也都能做,但思科贵在不盲目。思科并购的企业仅占其考察量的很小一部分，它选择并购对象时看似纷繁复杂，但却一点都不随意，所有的业务都是围绕思科自身的战略发展目标而进行的。思科不仅没有大张旗鼓地四面出击，而且还避免进行跨地域、跨文化的高风险并购行为，这就省掉了很多不必要的麻烦。

善于承载人才，是思科并购成功的另一个重要因素。思科难能可贵地发现

[1] 桂港:《思科：善良的并购大鳄》,《企业科技与发展》，2007年第15期。
[2] 同[1]。

并购并不是技术层面的困难，而是人心之争。并购界一个不成文的共识是第一年被并购的公司中会有一半高层人员离职，到了第三年如果还有四分之一的高管留下，那对于并购整合者而言绝对就是件值得炫耀的事。

为什么并购整合过程中的人员流失率会这么高？主要是新的并购往往会对士气产生不利影响。因为并购会带来更高的期望值，然而在执行过程中总会遇到现实与预期之间的落差，所以并购整合容易让人觉得不理想。很多企业并购的时候怕留不住人，就提前许下很多不切实际的承诺，最后员工一看你做不到，就觉得被欺骗，该走人还是走人，而且走的时候往往还不忘制造点麻烦。

思科在并购前就很懂得先打预防针，它跟被并购公司的各层级员工展开交流，考察并购行为的潜在影响，而且会实事求是地谈到并购影响。被思科并购的公司，员工对于待遇、未来发展以及新身份认知都很清楚，这就有效地消除了并购整合期员工的认识混乱以及心理抵制，业务发展也就很少因为并购整合不力而停下来。

思科通过连续频繁的并购建立了一个以自己为母体的生态系统，确保并购来的每个企业都能发挥活力，相关人才各得其所，从而促成了自己的欣欣向荣。

三、屯卦

当当拒绝亚马逊：做草头王还是打工仔取决于你想要什么

卦意小解

乾坤一阳一阴，阴阳交汇，万物就开始生长，接下来就是屯。屯说的是草木刚发芽时遇到的各种困难。

幼苗刚出土，困难一定会很多，这时候怎么办？两个大原则：坚韧不拔、有所为有所不为。坚韧不拔是说要有恒心、有毅力，有所为有所不为就是要相时而动。简单说就是要现实地评估自身实力，有计划、有步骤地解决困难。把握好这两大原则，今日看起来很孱弱的幼苗明天说不定就是一棵参天大树。

案例

企业发展早期就像刚发芽的幼苗一样，要忍受风吹雨打、冰雪摧残，这时坚韧不拔就很重要。只有足够坚韧，才不会被眼前的利益诱惑，才不会被眼前的困难吓倒。有所不为也很重要，发展初期坚持有所不为其实就是坚守自己的独立性，有了独立性才会有一方独大的机会。2010 年当当网在纽交所上市时，不知道它的创办者是否还会想起当年亚马逊要来收购当当的那一幕[1]。当年亚马逊想要收购当当，被当当婉拒。当当彼时就像屯卦里刚冒出头的稚嫩草木，但它那个时候就显现出坚韧的势头，当时它相信自己的未来，也就有了它上市做大的今天。

当当网 1999 年上线运营，现在做电子商务的大佬们基本都是那个时候开始冒出来的，可见当当的机遇抓得很好。当当早期的定位是做网上书店，就是在网上卖书，模式是流行的 B2C 模式，因为它集中做一件事情，这就比什么都卖的网站有优势，这也就成了它的比较优势。但当当虽有优势，跟同行比，遭遇的竞争力度也不小。当时在中国，网上书店少说也有好几百家，还有很多比它上线早。可到了 2002 年，当当就甩开其他同行一大截，就只剩下卓越这类公司能跟当当竞争。当当之所以有机会做大，跟它早期融资做得好有很大关系，这样它就能在短时间内击败竞争对手，迅速占领市场[2]。

当当这种强劲的发展势头，在 2004 年引起了亚马逊的注意。1995 年在西雅图上线运营的亚马逊当时已是电子商务的一大巨头，它一直想找机会登陆中国市场。在亚马逊看来通过并购进入中国市场无疑是个好方法，所以亚马逊就开始跟当当管理团队谈收购计划，亚马逊开出的条件是给 1.5 亿美元收购 70% 以上的股权并承诺保留当当团队[3]。

当当就很英明，觉得投钱是好事可以谈，但是控股权是底线没得谈。后来

[1] 详见当当官网的公司简介。网址：http://static.dangdang.com/topic/2227/176801.shtml。

[2] 王美芬：《"当当"融资秘传》，《知识经济》，2000 年第 6 期，第 22 页；李国庆：《当当的融资技巧》，《出版参考》，2004 年第 10 期，第 8 页；吴琳琳：《当当网再融资背后的"第二次浪潮"》，《电子商务》，2004 年第 5 期，第 10 页。

[3] 雷中辉：《拒绝亚马逊 1.5 亿美元 当当为何不"嫁"？——拒绝亚马逊收购"当当"拟明年在美上市》，《电脑知识与技术》，2004 年第 27 期，第 27 页。

亚马逊就转而跟当当的竞争对手卓越谈，最后用 7500 万美元的价码把卓越买了下来[1]。

事后看，当当那时就比较有眼光。亚马逊当时开价 1.5 亿美元想要绝对控股，既然要做控股股东，那它要的就是对当当的绝对控制权，即便是当当的团队悉数留下来，也基本做不了主，而且自己的品牌很可能给亚马逊当跳板用。

这点从卓越被并购后的状况不难得到印证。亚马逊并购卓越之后，在过渡阶段也还保留了卓越的牌子，也没有太强势，合并的名称也叫作“卓越亚马逊”。但过渡阶段仅仅是用来稳定军心的，一年不到，原来卓越的创始人团队就散了，卓越原班人马也陆陆续续走光了。之后的卓越，更像是亚马逊的一个面具，到了 2009 年，卓越的运作就非常地“亚马逊化”了。2010 年 10 月，亚马逊把“卓越亚马逊”更名为“亚马逊中国”，原来并购到旗下的卓越品牌被冷藏起来，彻底不用了[2]。

如果当当那时被亚马逊买了，估计就不会有上市的这一天了，很有可能也会走上被冷藏继而被遗忘的道路。

[1] 张素娟:《卓越与当当，亚马逊收购得与失》,《中国电子商务》，2004 年第 12 期，第 5 页。
[2] 彭云:《浅谈卓越亚马逊的尴尬》,《大视野》，2009 年第 3 期，第 137 页；李娜、张敏:《卓越彻底亚马逊化》,《网络传播 》，2007 年第 7 期，第 64—65 页。

四、蒙卦

凯恩收购乙烯公司：别人的愚昧，就是你赚钱的机会

卦意小解

蒙在屯之后，屯说万物生长初期会遇到困难，蒙则进一步说遇到困难是因为它蒙昧无知。蒙卦主要讨论怎么去除这种蒙昧无知。

去除蒙昧的关键在于开启心智，明白了事理，事情就好做了。为什么小孩子一定要让他学知识、明事理，其实就是要开启他的心智。如果心智不开，依然冥顽不灵，就很可能被人利用。

在经济生活中，人们的知识储备不一样，有些人就相对愚昧，他们往往就给了别人赚钱的机会。

案例

美国杜邦公司的戈登·凯恩非常善于利用别人对产业周期的愚昧无知来赚钱。他在低谷时买进、高峰时出手，甚至在75岁那年还创造了让人膜拜的交易纪录。他当年在乙烯贬值非常厉害时收购了7家生产乙烯的公司，自己出了很少一部分钱，多数收购用的钱都是宰银行得来的[1]。

石化行业的波动周期一般是8—10年，凯恩在这一行是老手，他低买高卖，赚得不亦乐乎。凯恩在赚钱之后，分出一部分股权给公司管理层，还捎带散点钱给普通员工作福利，整个公司对凯恩都忠心耿耿，大家觉得跟着凯恩不愁没饭吃。

要问为什么独独凯恩这样做？原因简单得让人发笑，只是因为其他人太愚昧。

事实上，凯恩在他50岁之前并没有引起人们的广泛关注，那时候他虽然优秀，但一直默默无闻。他早年在路易斯安那州立大学读了化学工程之后，便同其他同行一样做起了化学工程师。两次世界大战期间他还上过战场，他担任过麦克阿瑟部队里的一个炮兵营的营长。好在他只是个营长，没有继续往军界高层发展，否则便不会有日后的顶级收购专家了。战争结束后很长一段时间，他还是默默无闻。但他在52岁那年不鸣则已、一鸣惊人，他在担任康菲石油化工部负责人之后，做了一件让同行侧目的事，他用2500万美元初始资金把该部门的销售额做到了6个多亿，之后他在明星经理人的道路上越走越远。到了20世纪80年代，凯恩已经不满足仅仅做一个明星经理人，他开始做起了杠杆收购，因为他本身产业做得好，所以做起收购来目光如炬，根本不费吹灰之力。

凯恩在实业上的磨砺使得他非常清楚行业周期发生的原因，以及波动的时

[1] 本案例参考自：[美]麦克尔·克雷格著：《大手笔：美国历史上50起顶级并购交易》，海从、丁文正等译，北京：华夏出版社，2004年版，第104—107页。

间节点。他知道什么时候是真正的高峰，什么时候是真正的低谷，所以在并购时，他一直处于非常有利的地位。很多人知识储备不够，在根本不熟悉产业的情况下就上手做并购，自然就识别不到并购里面的诀窍。一般人遇到乙烯价格处于低谷时，看到不赚钱就急于脱手，这时候凯恩就低价收回来。而在高峰期时，目光短浅的众人发现眼前有利可图，就纷纷拥上去买，却不知道危机马上就要到来，凯恩这时候反而果断抽身，不愁找不到高价接盘人。

赚到钱之后，凯恩散出来点小钱给公司员工，大家觉得这是天上掉的馅饼，也很高兴。工作的时候就格外卖力，对凯恩也格外服从。

凯恩的钱来自市场上那些愚昧的人们，他又用其中很少的一部分养活公司里的那些对小恩小惠毫无招架之力的人。凯恩自己其实什么力气都没花费，结果大家还都感谢他。这就属于有脑子的人，明明赚死了，结果大家还都不觉得他贪婪。

五、需卦

巴蒂亚卖 Hotmail：谈生意要会吊胃口

卦意小解

蒙之后便是需。解除蒙昧之后就会知道自己真正想要的是什么，这时候就有了需求。需卦重点是说怎么去获取自己所需求的东西。

要满足自己的需求，就要秉持九字真言：有信心、有理智、有耐心。有信心事业才能向前走，有理智才会不盲目，有耐心则不会因为急躁而自降身价、自废前程。这九个字的关键就是要会等，要会“待价而沽”。

对于那些在商业领域中刚刚出道的人物，他们要为自身的前程考虑，就要对别人的投资有所判断，有信心、有理智、有耐心，敢于拒绝不恰当的机会，最终都会发展得很好。

案例

巴蒂亚作为一个商业新秀，把自己白手起家做起来的 Hotmail 以 4 亿美元成功卖给微软，整个过程就很完美地诠释了需卦有信心、有理智、有耐心的行事风格[1]。这种行事风格先是帮助巴蒂亚获得了创业所需的第一笔风险投资，而后又帮助他在同微软讨价还价的过程中占尽了上风。

在 Hotmail 出现之前，电子邮箱不仅是一项需要付费的服务，而且基本上由服务商专营，这就使得电子邮箱不仅价格昂贵而且很容易被监控。当时还是苹果公司雇员的巴蒂亚跟同事史密斯就尝试着创建一种基于网络的免费电子邮箱，这个创意很好，可是他们没有启动资金。

巴蒂亚的第一笔启动资金来自风险投资商给的 30 万美元[2]。在寻找资金的过程中，他不仅有来源于创意的自信，而且显示出超出年龄的理智与耐心。

第一点表现就是巴蒂亚在谈判过程中非常关注对创意的保护。Hotmail 的核心创意是基于网络的免费电子邮件系统，这打破了以往基于客户端的收费模式。在寻找投资商的过程中，他们这个创意非常容易泄露。因为懂行的风投很可能听懂了这个创意，意识到这是个金矿，然后甩开巴蒂亚，找一家自己熟悉的、更有实力的企业做出来。所以他们在开始跟投资商们洽谈的时候都用另外一个创意，他们跟投资商们讲要做一个基于网络的数据库管理系统，这就避免了投资商了解到真正创意但最终却把创意泄露给别人的情况。在确定投资商会投钱之后，他们才开始详细介绍免费电邮这个创意。

第二点表现则是巴蒂亚对控制权的坚持。他先后跟十几家投资商进行谈

[1]《沙比尔·巴蒂亚访谈：Hotmail 创业传奇》，《程序员》，2010 年第 3 期，第 41—45 页。该段报道摘自：[美]利文斯顿著：《创业者：全世界最成功的技术公司初创的故事》，夏吉敏译，北京：机械工业出版社，2010 年版；Sabeer Bhatia–A Story of a Dotcom, http://www.businessgyan.com/node/735。

[2] 同上。

判，最终一个投资商答应给他 30 万美元，但条件是要巴蒂亚交出 30% 的股权，这时候巴蒂亚毅然决然地拒绝了，最后只同意转让 15%。虽然巴蒂亚当时很缺钱，但是他对自己的创意非常有信心，头脑也很冷静，没有因为要缓解资金压力而交出主动权。最后巴蒂亚既成功地拿到了钱，也保证了自己对股权的控制。1996 年他们的产品上线运行，一年之后，Hotmail 就运作得非常成功。

Hotmail 的成功，引起了微软的注意。微软当时的 MSN 只有 250 万用户，而 Hotmail 则有 700 多万用户，于是微软决定以 1.6 亿美元直接收购该业务[1]。但让微软料想不到的是，这个价码被巴蒂亚一口回绝，后来微软在价格上面一再加码，在谈判中也开始软硬兼施，但巴蒂亚就是不为所动。面对微软庞大的谈判团队，巴蒂亚对自己很自信，因为他手里握着的庞大客户群是一张王牌，所以在谈判中即使对方再怎么拍桌子发怒，再怎么拿微软的牌子恐吓，巴蒂亚都一直保持着理智与冷静。后来比尔 · 盖茨亲自出马，微软把价码加到了 4 亿美元，巴蒂亚才松口成交。

巴蒂亚很年轻，当时是初露锋芒，但他一开局就很老练，他有自信、有理智、有耐心，最后把 Hotmail 卖了个好价钱。

[1] 该案例参考自:《沙比尔 · 巴蒂亚访谈: Hotmail 创业传奇》,《程序员》,2010 年第 3 期，第 41—45 页。该段报道摘自:[美] 利文斯顿著:《创业者: 全世界最成功的技术公司初创的故事》，夏吉敏译，北京: 机械工业出版社，2010 年版; Sabeer Bhatia–A Story of a Dotcom, http://www.businessgyan.com/node/735。

六、讼卦

建龙重组通钢失败：沟通不好害死人

卦意小解

需之后是讼。需是事物发展需要的养分，但养分是稀缺资源，所以在追求养分的过程中个体之间会产生矛盾，矛盾一开始都是以口舌之争的形式出现的，这也就是“讼”的局面。讼卦说，这时候要尽快消除矛盾，不要在口舌之争上浪费生命。

怎么消除这种口舌之争呢？这就要解决“讼”产生的根源。“讼”是源于人们信任上的阻塞，消除讼不是说放弃权利和利益，而是强调沟通，通过沟通来消除人们情绪上的对抗。一旦大家感情上和解，互相信任，事情处理起来就会更加顺利。

案例

2009年北京建龙集团入主吉林通化钢铁时，遭到通钢部分职工的强烈抵制，建龙集团当时派驻到通钢的总经理被围殴致死，最终吉林省国资委终止了建龙对通钢的控股计划[1]。

这次重组中出现的恶性事件当然有原因，按照讼卦来看，一个直接原因就是建龙在入主通化时没有从根源上处理好同工人们的沟通，导致信任阻塞，最终酿成了恶性事件。

我们不禁要问，为什么通钢工人会如此抵制建龙的接管？2009年实际上是建龙第二次接手通钢。而早在2005年底，建龙就曾重组过通钢一次。第一次重组，建龙在三个方面的做法让后来的通钢职工怨声载道。

第一个方面是在改制过程中，通钢的职工自始至终没有发言权。而建龙也只是和吉林省国资委直接达成共识，并不关注同职工之间的沟通，这就使得整个改制过程中出现的一些利益分配让通钢的职工很恼火。

第二个方面是改制一上来就采取了大刀阔斧的裁员和经营整顿。从管理的角度上说整顿是正确的，但显然方式上不够艺术，通钢的职工们很受不了。原来工人工资低，但有稳定的福利保障，建龙一改制福利保障都没了，而且建龙没有妥善地处理好老工人的社保、工资等问题。通化钢铁的工人对此意见纷纷。

第三个方面是建龙入主通钢之后恰好遇到了钢铁业低潮期，有点自顾不暇。加之通钢一直处于亏损、限产的境地，没有业绩说话也就没底气，建龙在这个时候为了削减成本大幅降低员工工资，工人就非常有意见，和管理层之间的矛盾越来越大。

这三方面的问题使得建龙管理者与通钢工人之间积怨颇深，工人们肚子里窝着一把火，没处宣泄，这时候谁要是稍微一煽风，这把火一点就着。但当时

[1] 周政华、张鹭:《通钢“7·24”事件全记录》,《中国新闻周刊》, 2009年第29期，第10页。

这把火因为建龙的暂时退出而没有燃起来。鉴于通钢一直没有盈利，于是建龙在2009年3月决定与通钢实行股权分立。听到这个消息，通化钢铁工人就立即放鞭炮[1]。建龙一走，市场慢慢好起来，通钢也开始盈利，正当通钢工人打算趁热打铁大干一场的时候，7月份就传出建龙要再次入股通钢，而且这一次是绝对控股。这个消息一出来，随即就遭到了通钢工人的抵制。工人们觉得，建龙看形势不好就离开，形势好了就回来，对通钢一点责任感都没有。原来窝着的那把火也不知被谁点了引子，腾地一下就蹿起来了。7月24日，大量退养、退休人员聚集在通钢厂区，随后涌进办公楼大院，大声呼喊“建龙滚出去”，并打起横幅抗议，酿成了恶性事件，建龙副总经理陈国军被殴打致伤，在医院抢救无效身亡[2]。吉林省国资委只能宣布中止建龙集团增资扩股通钢集团的计划。

建龙第二次入主通钢被通钢工人暴力抵制，一个原因就是建龙对第一次重组中产生的争端没有很好疏导。建龙从通钢退出了一次，在形势稍好的时候又打算重新并购的这种行为，导致通钢很多职工认为建龙不诚信。工人和管理者之间冲突频频爆发，建龙不疏反堵，又不能很好地及时与工人们沟通，所以在吃回头草时酿成悲剧。

[1]“通钢三万人抗议企业并购总经理被打死”，http://bbs.ifeng.com/viewthread.php?tid=3821317。

[2]“从建龙钢铁的恶意并购来看产权改革”，http://wenku.baidu.com/view/b3ed35f8770bf78a652954c9.html。

七、师卦

潍柴并购湘火炬：别拿老总不当将军

卦意小解

师在讼后面，是说口舌之争要是没有得到解决，人们就会聚集起来争斗。这就好比跟别人有矛盾，先试着商量，商量不过来那就打一架。师卦就是告诉我们动刀动枪时怎么得胜。

师卦讲用兵之道，这个兵道的精髓在于“正”，就是你的“军队”要是正义之师，你的统帅是真正的雄才，这样你才能旗开得胜。

案例

我们常说，并购是一场没有硝烟的战争。在参与大宗交易过程中，我们一般会关注企业间的整体实力差别，但有时候主导交易的个体谈判能力也会对交易结果产生很大的影响。参与并购的核心人物如果技巧很好，一样能够扭转局势，让对手败下阵来。2005 年潍柴动力收购湘火炬旗开得胜，就与谭旭光这个主帅的作用密不可分。

湘火炬的前身是株洲火花塞厂，1993 年改组为湘火炬火花塞股份有限公司，是湖南省第一批在深交所挂牌的上市公司。因为经营不善，1997 年株洲市政府批准湘火炬出让部分国家股，株洲市国资委将 2500 万湘火炬股权转让给当时如日中天的德隆（唐氏兄弟的新疆德隆国际实业公司）[1]。在德隆手里，湘火炬开始发展“大汽配”战略，通过一系列并购，湘火炬发展迅速，成为德隆旗下一大优质资产。正当湘火炬一路高歌猛进之时，德隆却资金链断裂，在 2004 年轰然倒地。当年 8 月，德隆将旗下的资产托管给华融公司，这其中包括湘火炬。

德隆倒下，群雄并起。在华融托管了德隆整体资产之后，有意重组湘火炬的企业有很多家，其中一汽、宇通、三一等都跟华融进行过实质性谈判，万向集团甚至早在 2004 年 6 月就跟德隆签了一个优先受让的合同。最开始跟万向竞争的是陕西西飞集团，西飞以及后来优质竞争者的加入，使得华融认为万向当初与德隆协定的收购价太低，于是华融决定对湘火炬进行公开招标。

2005 年 7 月 27 日，华融当即宣布招标底价在 7.4 个亿 [2]，但要所有参与投标的企业在 8 月 3 日之前交足两亿元保证金，公开招标后中标者要在 3 日内交清全款 [3]。华融的这个条件意味着竞标者们要在不到十天之内，最起码要备好八个多亿。而当时竞标的企业基本都是上市公司，10 天开会讨论都来不及，更何

[1] 李超：《5 年股权新家谱之湘火炬版——湘火炬换东家重卡链条新变化》，《汽车观察》，2006 年第 3 期，第 23 页。

[2] “华融成功出售湘火炬，德隆系上市公司处置接近尾声”，http://finance.sina.com.cn/stock/s/20050810/0814257375.shtml。

[3] 对于华融为什么制定这样的游戏规则，市面上有一种说法。根据这种说法，当时湘火炬的董事长聂新勇有意把湘火炬给万向，并同万向一起到证监会汇报了情况。但是因为西飞和其他竞争者的加入，华融折中了一下，虽然公开招标，但在招标上设立了严苛的程序。如果拍卖价在 6.8 亿 -8.2 亿元之间，湘火炬就归万向所有。这个说法在很多报道中都出现过，但因为作者并不是局中人，所以无法判断这个说法的真伪，所以仅将材料列出，供读者自行判断。相关信息参见：“潍柴动力首度开口：收购湘火炬真相”，http://www.bokee.net/company/weblog_viewEntry/11480.html。

况八亿多的资金要一次到位，这即便对于当时参与竞标的几家国有企业而言，也难以提供足够批准的时间。当然资金仅是问题的一小部分，当时的湘火炬产权复杂、资产并不透明，一汽、上海电气、三一重工和宇通等经过细致的衡量之后都放弃了投标，似乎湘火炬已经成为万向的囊中之物[1]。

这个时候，谭旭光带着潍柴杀了出来。8月2日，谭旭光跟山东海华、潍坊亚星一起合资注册了潍柴动力投资有限公司，8月5日增资到16.38亿元，以潍柴动力投资有限公司作为收购主体无疑是要绕过华融的条件限制。8月8日，在株洲，只有万向和潍柴动力参与竞标，潍柴开出10.233亿元的价码击败万向，成为湘火炬的第一大股东。谭旭光开出的价码，无疑超出了湘火炬的实际价值，潍柴这一次险中求胜、不惜血本，也可谓是志在必得[2]。

这一次的胜利跟谭旭光这个主帅的作用密不可分。2005年中国重汽市场的半壁江山都在潍柴手中，潍柴的主要优势在重汽发动机。而当时的湘火炬在15吨以上的重型卡车市场上的占有率是60%，拿下湘火炬，潍柴无疑是如虎添翼，一举打通重汽的上下游。抛开湘火炬并购涉及的地方政府之间的博弈和潍柴与原母公司中国重汽之间的纠葛不谈，仅就谭旭光在拿下湘火炬这一并购案中的表现，不得不承认其人胆色超凡。

---

[1]“当‘鲁主席’遇上‘谭大胆’——潍柴、万向收购湘火炬内幕”，《中国经营报》，2006年1月8日。http://finance.sina.com.cn/leadership/case/20060108/18422257689.shtml。

[2]同[1]。

八、比卦

苏格兰皇家银行联合并购：精诚合作，竞争者走开

卦意小解

师是兴师动众、对抗外敌，比则指同心协力、追求团结。比卦就针对团结合作给出了相关指引。

合作的关键在于找到好的合作伙伴。比卦说找合作伙伴时主要抓住一个精髓，即万事不可强求，守正即可。具体而言就要做到三点：第一，合作之前，确保自己内部团结。第二，选择合适的合作对象，要挑那些有德的、能长久坚持正道的人。第三，挑中了对象就要立即行动，要是动作慢、示好晚，会让你的合作对象觉得你没有诚意，而给你们未来的合作带来潜在风险。

案例

并购中也需要盟友，盟友的选择在联合并购中就很重要，这时就需要遵循比卦的指引。在全球银行业并购浪潮中，强强联合、交叉并购行为屡见不鲜。苏格兰皇家银行对荷兰银行的收购是这场并购浪潮中的一个成功典型，这是一次典型的联合并购。在对荷兰银行的竞购案中，苏格兰皇家银行就跟几家银行结成同盟击败了巴克莱银行。

荷兰银行有180多年的历史，是一家集商业银行、投资银行和保险业务为一体的国际性金融集团，但到新千年之后却发展得很缓慢，撑到了2007年就有些撑不下去了，这时荷兰银行的股东们决定要把荷兰银行卖出去[1]。

当时多家欧洲银行对荷兰银行感兴趣，巴克莱银行就打算借此机会一举拿下荷兰银行。巴克莱银行是英国四大私营银行之一，业务涵盖金融零售、商业银行、投资银行等各个方面，尤其以旗下的巴克莱资本盈利最为突出。巴克莱银行之所以来势汹汹，是因为荷兰银行有世界级的贸易支付平台，在非洲、南欧和中东的金融零售市场上举足轻重，荷兰银行的这些资源正是迫切想打开海外市场的巴克莱银行所急需的。

当然，精明的不只是巴克莱，以苏格兰皇家银行牵头的财团也正是看中了荷兰银行的全球业务网络。苏格兰皇家银行要争美洲业务、西班牙标准银行（又译作桑坦德银行）看重荷兰银行手里的意大利和拉丁美洲市场、比利时富通银行对荷兰银行底下的德国和伦敦的业务更感兴趣，三家银行由此结成盟友，共同向荷兰银行提出收购要约。

这三家银行相互之间选择盟友时都是非常谨慎的。

首先，它们背景相似，都是通过并购发展起来的，在联合并购中容易就技术问题达成共识。苏格兰皇家银行早在2000年就通过敌意收购吞并了伦敦的

[1] 季敏华、徐可:《千亿美元争夺荷银》,《财经》, 2007年第9期。

国民西敏寺银行，之后动用了300亿美元进行了多起并购；西班牙标准银行在2004年兼并了阿比国民银行；富通银行也是由比利时通用银行等多家银行成长起来的。这三家银行都是通过并购一步步做大的，在大宗收购上面经验丰富，有益于达成共识。

其次，也是很关键的一点，这次联合并购的行动中，三家银行不存在直接或潜在的利益冲突。三家银行看中了荷兰银行不同的区域市场，这使得同盟不会因为利益纠纷而出现内耗。结盟的一大优势，便是资金优势。

结盟收购带来的资金优势在对荷兰银行的并购报价中一览无余。虽然竞争双方都采取了现金支付与股权支付相结合的方式，但是三家银行结盟的财团不仅总报价高出巴克莱银行，而且现金支付的比例也比后者高。三大银行财团通过各种手段筹集现金，最终在1010亿美元的收购报价中提出93.5%的现金支付比例[1]。结盟所形成的强大实力，也使得在竞购过程中苏格兰皇家银行一方的财团不断增持荷兰银行股票，以增加谈判的能力。巴克莱先后提高了两次报价，但最终不敌三家联合的力量，败下阵来。

最终在2007年10月，荷兰银行被三巨头以分拆的形式收购。三家所争的板块之间并不存在直接利益争端，所以在成功击败了巴克莱之后，各自顺利瓜分了荷兰银行的不同业务板块，实现了自身资本和运营规模的扩张。

当然，这个收购战虽然打赢了，但不久之后全球金融危机就来了，三家都受到了不同的影响，尤其是富通银行不仅丢掉了战果而且被摆了一道。这个后话在后文的旅卦中有详细描述，在此不作赘述。

---

[1] 孙芙蓉:《国际金融并购风云与趋势》,《中国金融》,2007年第23期,第39—41页；孙云玉:《银行业并购与发展思考——基于荷兰银行收购案的分析》,《财会通讯：综合（中）》，2010年第4期：第9—10页。

九、小畜卦

万向海外并购：积小成大，厚积薄发

卦意小解

小畜的畜是“蓄”的通假字。此卦讲团结，团结了之后就会有积蓄。小畜说的就是有了点小积蓄的状态，有小积蓄之后该怎么做事情是小畜卦关心的问题。

小畜强调了一点，就是你这时是小有所成，其实还没到办大事的时候。做事要秉持以小博大、积小成大的艺术。这时候坚持一个“诚”字，用诚来做事、来交往，待到时机到了，大事业自然水到渠成。

案例

中国的企业经过几十年的发展，在体量上实现了很大的突破，但在品牌、研发和专有技术上仍与国外同行存在一定距离。很多企业这时就倾向于通过跨国并购来获得这些难以通过贸易和模仿得到的隐形资源。但跨国并购也有很多风险，众多企业往往高估了自己的实力、低估了市场的复杂性，走得太快了以后，反而造成经营停滞的困局。对于很多中国企业而言，有了一定基础却又不在全球行业顶尖地位的这种状态就是“小畜”，这时候就要善于积小成大。万向集团的一系列跨国并购便恰当地诠释了小畜卦这种积小成大的艺术。

鲁冠球掌舵的万向从一个 7 人铁匠铺起步，发展到一个资产百亿级、员工万余人、下属 30 多家企业的经济实体，在它成长过程中有很多地方值得借鉴，其中海外并购的手法尤其值得学习。不同于一些大企业蛇吞象的并购行为，万向的海外并购是先从小交易开始，在积累了市场经验之后逐步提高交易规模。万向最先开始收购舍勒公司时交易规模只有 42 万美元，2001 年收购 UAI 公司时开始增加到 280 万美元，直到 2007 年才开始动用 2500 万美元收购 AI 公司 [1]。

万向走出国门时一直保持谨慎的态度，它的谨慎体现在多个方面。

第一，注册万向美国公司，赢得美国市场信任。万向早先就在美国注册了万向美国公司，以此为收购主体，万向美国作为美籍公司的背景相比于其他直接杀进美国市场的海外公司更容易获得市场信任。

第二，跟并购对象长期接触并细致考察。万向从 1984 年开始就给舍勒做贴牌生产，在收购美国舍勒公司以前，双方合作关系持续了十几年。2000 年 10 月收购的美国 LT 公司也跟万向集团有着多年的业务关系，它是万向集团在北美最大的轮毂客户。2001 年收购 UAI，准备工作则早在 1996 年就已经开始了。2003 年收购的美国洛克福特公司，也是早在 1995 年就有业务往来，双方知根知底。

---

[1] 本案例参考自：何志毅、柯银斌:《中国企业跨国并购 10 大案例》，上海：上海交通大学出版社，2010 年版。本案例中的具体数据除引用该书中的数据之外，还参考了万向集团官网新闻：万向：“反向 OEM 力拓海外市场”（2007.06.27），“全球化的万向模式”，《世界经理人》杂志载（2012.01.30）。

第三，静待时机、低价买入。万向在并购时并不急于获得企业，而是静静等待时机，追求低价买入。这在兼并舍勒公司过程中就表现得很明显。位于美国芝加哥的舍勒公司成立于1981年，主要为美国各大汽车零部件连锁店和采购公司提供汽车零部件。1994年舍勒公司经营业绩下滑，1995年万向的倪频就开始跟舍勒洽谈并购事宜，当时舍勒开出来很高的价码，万向并没有轻易动作。一直拖到1998年的时候，舍勒亏损严重，倪频与另一家美国公司联合起来用比较低的价格收购了舍勒。在收购舍勒时，万向剥离了大部分固定资产，只拿走了舍勒的品牌、技术专利、专用设备和市场，工人和厂房则被LSB接收。万向以42万美元收购舍勒之后，不仅获得了技术，而且更加打开了美国市场。之后的几次并购，万向也都是看准时机才出手[1]。

这种稳扎稳打的方式，也使得万向规避了其他企业快速扩张所带来的各种问题。凭借着这种积小成大的方式，经过十多年的运作万向美国公司已经成功打入美国社会，成为美国中西部最大的中资企业，并成功地搭建了一个国际性营销渠道，最终在海外市场站稳了脚跟。

[1]“万向收购品牌反向OEM”，http://money.163.com/economy2003/editoror2003/050516/050516355682.html。

十、履卦

明基并购西门子遭遇惨败：握手前先算好账

卦意小解

有了小积蓄，就会产生分配问题。涉及利益分配难免就会乱，所以小畜之后是履，履讲的则是在争夺利益的乱象中应该如何自处的问题。

履卦的一个核心是强调和顺守礼，在争的时候要谨慎。一边强化自身修养，一边完善自己的实力。不急躁不冒进，事情就会顺利。

案例

履卦的一个核心是强调在冲突和矛盾的环境中要谨慎冷静、量力而行。并购很多时候是一个矛盾频发的过程，各方力量交汇竞争，一不小心就很容易失败，这时候参与并购的主导者就要小心考察、谨慎行事。明基在2005年6月份并购西门子，在 2005 年 10 月份就停止注资，2006 年宣布正式退出[1]。之所以这么匆忙地闪婚闪离，究其原因就是明基在并购决策的时候太过于莽撞。

明基最初对西门子感兴趣，是希望借助西门子的技术平台实现战略转型。明基此前一直专注做手机代工生产，但是做代工是一个没什么前途的活计，所以明基一直希望能有自己的品牌机，但它自己的研发技术不太跟得上，所以自有品牌手机一直没什么名气，市场也没打开。2005 年前后，主流的手机市场被诺基亚、摩托罗拉这些厂商所垄断。对于明基来说，一个快速挤进第一梯队的办法就是找一家技术好、牌子亮的企业把它买下来，借助后者的技术打个翻身仗。

当时明基就盯上了西门子。西门子手机有段时间做得也可以，但后来因为经营上的一些原因就逐渐走了下坡路，2005 年的西门子总部就打算把整个手机业务卖掉。明基觉得西门子手机有技术、有人才，牌子也很响亮，在西方销售市场上路子也广，要是能吃下了，对自己将来的发展也很有帮助。一个想卖，一个想买，两家很快就谈拢了。2005 年 10 月西门子就把手机业务转给明基，并且还给了明基 2.5 亿欧元现金和服务，用于手机专利研发[2]。

乍一看，明基赚大了，西门子除了手机业务转给明基之外，还倒贴 2.5 亿欧元给明基。但是如果我们仔细算一笔账就发现，明基有被坑的嫌疑。明基算盘打得不够精，它在估算自己的整合能力和西门子手机价值的时候，算得太匆忙。

第一，明基太过于相信西门子的品牌名声。在明基看来，西门子怎么说也是一家百年老店，它的品牌是经得住市场考验的。事实是，西门子整体品牌是不错，但是西门子手机就差强人意了。不要以为从德国出来的产品质量一定都是有保障的，西门子的手机后来就做得很差，质量也不行。如果质量不好，品

[1] 庄恩平、唐文文:《跨国收购失败教训何在——明基并购西门子案例剖析》,《商业研究》, 2008 年第 12 期，第 59 页。

[2]“明基收购西门子手机分文未花”，http://digi.tech.qq.com/a/20050608/000080.htm。

牌是没有用的，消费者一样不买账。明基当时只看到西门子的品牌价值，没看到西门子手机的品牌价值。

第二，算大账的话，明基就很亏。当时西门子跟明基签协议，一个主旨是把手机业务给明基，外送 2.5 亿欧元的现金和服务。算表面上的小账，西门子白送还倒贴，明基是赚大了。但是世上哪有这么好的事情，如果我们再算一笔大账，就会发现这个交易赚的是西门子。西门子当时是打定主意不要这个一直亏损的手机业务了，所以就面临两条路，要么卖人，要么直接关门大吉。关门牵扯到员工福利、善后等一堆事情，它又是德企，一关门国家和工会两头就能把西门子烦死，善后的花费怎么说也是一大笔钱。现在转给明基，才掏了不到三个亿欧元，而且这里面一大部分还不是现金，而是折算出来的，对于西门子而言，这就是个“两弊相权取其轻”的做法。明基确实也亏了，这一点在后来明基补这个窟窿的开销就能看出来，明基买了西门子手机业务之后接连亏损了 6 亿多欧元，最后无奈只得抛弃西门子[1]。

对于西门子而言，它的一个主要目的就是找个人接盘，不仅节省了开支，还可以远离裁员和破产带来的声誉受损。结果明基当时急着打开局面，一头撞进去，撞到枪口上了，最后吃力不讨好，背了个整合不力的黑锅。如果明基在并购之前，谨慎仔细地评估西门子的品牌实力跟整合难度，路走得大概就不会这么坎坷。

[1] 林步生:《我需要比以前更务实——专访明基董事长李焜耀》,《人力资本》, 2007 年第 1 期, 第 9 页。

十一、泰卦

米塔尔的巨头路：买你就要你赚钱

卦意小解

履之后是泰，泰是安泰的意思，这一卦是说利益纠纷摆平之后，就有一个好的发展势头。泰卦关心的是，怎么保持这种强劲的发展势头，也就是怎么“持盈保泰”。

要“持盈保泰”，一个关键就在于顺应天道。天道就是事物的发展规律，按照这个规律来做事就能保住安泰的局面。另外，要注意一点就是做事要有气度，即使是在自己发展最好的时候也要注意保持低调谦虚，要珍惜自己的羽毛，免得招来不必要的麻烦，这样就能长久地立于不败之地。

案例

怎么保住自己的好运道？泰卦指出来一点，就是做事情要顺势而为，不要逆势而上。这个说起来简单，做起来难，是因为很多人看不到“势”的走向。一般人只能看到潮涨潮落的表面现象，但有智慧的人却能把握大洋深处涌动的暗流，凭这一高明之处，后者就能长久地保有自己的好运道，不被短暂的潮汐惊扰。

印度米塔尔钢铁公司掌门人拉克什米·米塔尔就是这样一位持盈保泰的高手。他打算大力发展米塔尔钢铁公司时，钢铁业已经被人们戏称为夕阳行业，但是他不被这些表象所迷惑，在锈迹斑斑的破铜烂铁上建立了自己的帝国。这一切都要归功于米塔尔一系列精明的并购。

米塔尔的并购方式也比较独特。他在并购中常用“三板斧”，即低成本买进、快速整合和快速盈利。这个简单易行的三步走方式之所以威力这么大，在于米塔尔对市场风向的深入了解以及他良好的政商关系，这是他能比别人高出一筹的最主要原因。

米塔尔对钢铁市场的了解来自于他在钢铁行业多年的工作经验。他 19 岁就开始跟随父亲经营轧钢厂，6 年之后自己单独经营家族在印度尼西亚的钢厂。这些管理以及经营经验都非常宝贵，使他能比别人看得更清楚。在他到印度尼西亚的第二年，米塔尔就开始低价收购陷入亏损境地的钢铁厂，从而开始了他的全球并购扩张之路。

米塔尔与政界的良好关系也帮了他的大忙，当然这一点很少被人提及。米塔尔很多钢铁公司都是低价从政府手中买来的，1992 年他买墨西哥第三大钢铁公司用了 2.2 亿美元，而墨西哥政府当时建设这个公司就花了不下 22 亿美元。英国《每日电讯报》在 2002 年还曾披露，米塔尔在参与竞标购买罗马尼亚国有钢铁厂时，英国首相布莱尔为了支持米塔尔还专门写信给罗马尼亚总理，试图从政治上施加压力[1]。

既能把握市场风向，又有良好的政治关系，米塔尔在战略上就很少出错，再加上他那著名的“三板斧”，米塔尔的并购之路可谓所向披靡。

米塔尔在挑并购目标时非常有特点。他找的都是一些发展中国家的钢铁厂，然后在行业不景气、政府急于脱手时用很少的资金拿到这些企业。选发展中国家的钢铁厂有个好处，就是人工低，整合起来也没有太多的法律限制。从他早年收购印度尼西亚的钢铁厂，到从东欧买回来五家钢铁厂，都是这个路数，他的收购价往往不到钢铁厂价值的十分之一。

低价收购之后，他还都能迅速化腐朽为神奇，很多工厂都在短时期内实现了盈利。他在并购整合中一个最核心的手段就是降低运行成本。米塔尔手下有个管理团队，专门负责对收购来的这些钢铁厂进行整合。还有一点很重要，米塔尔的并购资金很少用银行贷款，这就使得他在并购整合中的财务成本比较低，从而规避了一些短期的手段。

米塔尔并购过程中有一个口号就是“并购不是为了产钢，而是为了利润”。这种务实的态度很难得，他非常关注盈利，这比其他只关注体量扩张、战略合并的企业要实在得多。一般两年如果不盈利，他立刻就会把项目砍掉，不会再在上面浪费一点精力。

战略上把握得好，战术上又可行，米塔尔一直保持着高速的扩张步伐，节节胜利，最终成长为钢铁行业的一个巨头。

[1]《米塔尔神话》，《金属世界》，2006年第3期。

十二、否卦

美国电话电报公司莽撞并购：路偏了就别再撞南墙

卦意小解

泰之后是否（pǐ），否是事物由盛转衰的自然状态。否卦关注在由盛转衰时应该怎么做的问题。

由盛转衰的时候就要会等，要能守得云开见月明。这时候一要有信心，二要会韬光养晦。我们在遇到整个行业衰退或经济危机的时候，一方面要认清发展的大势，坚定自己的信念；一方面收敛自己的锋芒，保存实力。

案例

企业在进入发展低谷时，就要停下来等机会。美国电话电报公司就曾在计算机行业做得不好应该退出的时候不但没退出，还继续扩张，最后导致了一系列亏损，还差点影响了自己主业的发展。

美国电话电报公司成立于1895年，是从鼎鼎大名的贝尔公司分离出来的，当时它手上有极具优势的长途电话技术，所以它就专门发展长途电话业务，进而把业务扩展到电报领域，很长一段时间都是美国电信业的一方霸主。后来它就扩展得有点过分了，当时计算机技术开始发展起来，公司的决策者就觉得应该在这个新市场中开疆拓土。它在1984年突然决定要进入计算机行业，但它高估了自己的实力。它在电信业能够维持长久利润的根本原因不在于它比别人做得好，而在于它的行业垄断地位，可想而知，进入计算机这个纯粹依靠能力生存的领域，它并没有多少优势，所以就只有亏损[1]。

一般来说，亏损的局势已经形成，想要扭转是很难的，因为亏损会滋生更多的亏损，这个时候适当地放弃是一个较为明智的选择。但美国电话电报公司很自信，它觉得自己还能够再往前走，于是又收购了一家叫NCR的计算机公司，寄望于通过这场并购能够时来运转。显然，它打错了算盘。美国电话电报公司的失败似乎是注定的，这一点我们从整个并购交易以及并购后的经营就能够看出来。

首先，整个并购过程就不怎么顺利。美国电话电报公司在收购NCR的时候，采用的是强迫的手法。它想控股NCR，结果NCR不肯屈服。因为NCR盈利能力非常强，并不想被这除了钱什么都没有的外行领导，所以就设置了一堆障碍。美国电话电报公司抱着志在必得的心态，花钱不手软，最后以每股高出50%的价格强购了NCR。强扭的瓜不甜，更不划算的是它为了扭这个不甜的瓜，出了个很高的价码[2]。

其次，美国电话电报公司不仅在并购交易中不顾后果，在经营上也很冒进。

[1] 对本案例的相关论述可参看：[美] 麦克尔·克雷格著：《大手笔：美国历史上50起顶级并购交易》，海从、丁文正等译，北京：华夏出版社，2004年版，第25—26页。

[2] 周宇：《致命的诱惑——管理案例研究》，《北京市经济管理干部学院学报》，1996年第4期。

在花了大代价买来NCR之后，美国电话电报公司在计算机业务上的困窘不但没有缓解，反而在这个泥沼里陷得更深了。NCR公司随后两年的业绩持续低迷，电话电报公司为此亏损了数亿美元，其实这个时候明智的人就会选择壮士断腕。但美国电话电报公司没有这么做，而是又对NCR进行大规模调整，把原来的整班人马彻底换掉，开始新一轮折腾。这样折腾的结果使它陷入了亏损的泥沼。

到了电话电报公司的计算机业务危及主业时，它才幡然醒悟，要停止在计算机行业无意义的投入。但是毕竟已经花了很大代价，早知道是这样的结局，就不应该一意孤行，在亏损的路上越走越远。

十三、同人卦

黑石的发家秘诀：我为人人，人人为我

卦意小解

同人在否之后，大环境不好时，自己又太弱，那么就要会抱团。同人就是说怎么跟别人联合。

要跟人合作，首要的事情就是扩大合作伙伴的可选择范围。有了潜在想合作的对象时，坚持一个原则："以和为贵。"这样就能联合他人，整合分散的资源，构筑起协同的体系，最终实现共同发展。

案例

作为一家优质的投资公司，黑石集团就是在并购中实现共同发展的典型。黑石集团由彼得 · 彼得森和斯蒂芬 · 施瓦茨曼创建于 1985 年。刚成立的时候，它只是一家小金融咨询公司，后来成长为全球最大的资产管理机构之一。我们

看黑石从一家小金融咨询公司慢慢做大的发展路径，不难发现它就是善于合作的典型。虽然它在后来的金融危机中遭受打击，但这并不妨碍我们汲取它的成功经验。

合作的基础是实力，黑石在发展初期就非常清醒地知道自己的优势在什么地方，所以它一开始就奔着自己最能发挥优势的领域发展，快速积累了令合作者们信服的实力。黑石最开始的核心业务是金融咨询，在小有成就后，依然很冷静，没有像华尔街很多公司一样走综合发展道路，也没有一股脑地什么业务都接；而是顺着金融咨询进入了私募股权投资领域，并发展出来一条跟别人不大一样的模式。这个模式的核心特点就是追求良善合作。一个具有典型黑石风格的例子，就是黑石收购美联钢（又称美国钢铁集团）的股份[1]。

在 1986 年，美联钢遇到了一次不大不小的危机。当时一个叫卡尔 · 伊肯的公司狙击手在纽约证券交易所上大量买进美联钢的股票，这样做只有一个目的，就是先控制美联钢，再把它转手卖掉，从中赚取高额利润。这种做法对于美联钢的经营没有任何好处，所以美联钢就一直尝试着反击。因为手头资金不够，美联钢决定出售它旗下运输业务 51% 的股份，美联钢的盈利能力很强，所以这次出售就吸引了很多公司去竞购，黑石就是其中之一。但是黑石从财力、知名度以及关系上都不是最强的，之所以能胜出，就是因为它站在美联钢的角度出发思考问题，借此获得信赖。

美联钢想要的是什么？从美联钢躲避伊肯的恶意收购就能看出来，美联钢讨厌那些不关心自己业务发展与前途的人，它更需要一个友善的合作伙伴。黑石就投其所好，它在谈判过程中表现出要与美联钢建立一种长期友好合作关系的愿望。所以在谈判一开始，黑石并不怎么提收购价格，而是和美联钢讨论货

[1]［美］戴维·凯里、约翰·莫里斯著:《资本之王：全球私募之王黑石集团成长史》，巴曙松、陈剑译，北京：中国人民大学出版社，2011 年版。

运的价格、设备成本这些非常具体的经营问题。这让美联钢觉得，黑石靠得住。获得了信任之后，一切就很好办，黑石最后用 5 亿美元拿到了美联钢 51% 的股份。

在并购中追求建立良善的合作伙伴关系，这种风格在黑石后来的并购中一直延续下来，黑石在向客户推销自己公司时，总是强调善意收购的理念。他们始终坚持不伤害别人的原则，乍看起来这种原则似乎与尔虞我诈的商业经验严重违背，但实际上这才是追求共同发展的长久之计。

十四、大有卦

索尼兵败哥伦比亚：手上钱一多，人就容易傻

卦意小解

同人接下来就是大有，能跟人合作就能实现大富有。大有指的是大富有，这是说真正的大富有才是大亨通、大吉利。大有卦旨在揭示如何保有这种大富裕、大亨通的态势。

大有卦突出一个“德”字。“德”是什么？就是你在大富贵时候的格局，有多少财富你就得有多大的德行，你才能压得住这些财富。古人说“小丑备物，终必亡”，说的就是压不住这些财富的小丑，终究还是会被这些财富所累，引起别人对你的掠夺。

大有卦对从商之人一个很重要的启发，便是在追求事业扩张时要随时调整自己的格局以应对不同的挑战。即便是在“大有”这种好局势下也万不可

掉以轻心，不用心经营，到最后往往会成为拿一手好牌的输家。

案例

在并购中，新手犯错并不稀奇，即使是精明的行家，也会跌跟头。外部形势一片大好的时候，若不小心细致，不但难以保持“大有”卦所揭示的这种外部优势，甚至会使自己陷入困境，索尼这样的巨头就曾在风头正健时吃过这种闷亏。[1]

索尼的前身是井深大和盛田昭夫在 1946 年以 19.5 万日元创立的“东京通讯工业株式会社[2]”。他们以修理收音机和留声机起家，在短短十年间依靠自主研发的磁带录音机和晶体管收音机成为日本的行业巨头。与传统日企的保守型发展策略不同，索尼早在 20 世纪 60 年代就开始在海外发行股票，依托海外资本市场来壮大自身实力。

索尼还通过直接购买海外企业来实现自己的国际化路径，先后收购了 CBS 唱片公司和 CES 电影公司，而且都很成功。但这些成功经验并没有使得索尼在接下来的并购中交到好运，反而在两次小成功之后变得盲目自大起来。在花费高额代价并购哥伦比亚影业公司之后，索尼一度陷入麻烦的泥沼。索尼在这次并购中，由于过于自信，犯了一个财富新贵们最容易犯的通病，即“自我膨胀过度”。

毫无疑问，索尼当时的大方向是对的，而且很明智。索尼为什么要大费周章收购电影公司？索尼当时手上握有 Betamax 这种大尺寸录像技术，但很多电影在拍摄时是用飞利浦公司发明的家用录像技术 VHS。对以技术起家的企业而言，能够掌握行业技术话语权才是不战而屈人之兵的上策，让自己的技术成为全球行业标准是每个技术型企业心照不宣的最高奋斗目标。推广技术，这才是

---

[1] 本案例可参见：Robert F.Bruner, Deals From Hell: M&A Lessons that Rise Above the Ashes,John Wiley&Sons,Inc.,2005,p.148-174; Sony-Columbia Pictures:Lessons from a Cross Border Acquisition,ICMR IBS Center for Managements Research,Case Code:BSTR119.http:www.icmrindis.org。

[2] 企业详情介绍参见索尼官网：www.sony.com。

索尼花大力气买电影公司的初衷，只要控制了终端，还怕没人用你的技术？索尼买下哥伦比亚，目的是要寻求使自己的录像技术成为新的工业标准。

路线正确并不能保证万事无忧，索尼在这次并购中不仅仓促而且失察。轻敌与过度自信带来的粗心大意，才是导致索尼在交易之后面临麻烦不断的症结所在。索尼在此次并购交易中的粗心最起码让三路人马占尽了便宜[1]。

第一个尝尽甜头的便是哥伦比亚的原持有方可口可乐公司。可口可乐从1982年开始经营哥伦比亚，但效益一直不好，当可口可乐的格杰特得知索尼急需收购电影公司，便以每股27美元的价格将可口可乐持有的哥伦比亚49%的股票卖给了盛田昭夫这位老朋友，要知道并购时哥伦比亚的股票市价才21美元，可口可乐狠赚了10多亿美元。

如果索尼并不觉得这个交易不划算相反是一种诚意的话，那么索尼用275万美元年薪的高薪聘请皮特·古柏和琼·皮特斯担任哥伦比亚电影公司首席执行官，就实在是诚意得有些过头了。这两位因曾替华纳公司制作过《雨人》和《蝙蝠侠》而声名远播，但善于拍电影不代表善于经营电影公司，此二人的真实管理能力与所得薪酬明显不成正比。

另外当时一个很重要的信息被索尼高层漏掉了，索尼并不知道他们曾与华纳签订了5年期独家电影拍摄合同，没有一个知情人给索尼反馈“合同未到期”的信息。这就直接导致华纳这个与并购交易无关的第三方，也从索尼这里顺手占了点便宜。索尼刚和古柏、皮特斯签完聘用协议就被华纳告上法庭，虽然纠纷在正式进入法律程序前以调解的方式解决了，但为此索尼又多花了一笔冤枉钱。古柏和皮特斯不但没有带领哥伦比亚实现盛田昭夫的愿景，还在惨淡经营的时候拿到了4000多万美元的遣散费。索尼在美国负责收购哥伦比亚的苏尔霍夫无奈只好成为替罪羔羊，以辞职谢罪。直到出井伸之接手美国业务，索尼才渐渐缓过劲来。

[1] 王婷:《索尼的好莱坞梦》,《21世纪商业评论》, 2006年第1期，第159页。

十五、谦卦

李嘉诚以退为进：能吃亏才能办大事

卦意小解

谦在大有之后，主要强调在大富有的状态下要谦虚。谦卦主要强调“谦”德，持“谦德”行事，即使一时有亏，但终究还会亨通吉祥。

谦的德行是谦谦君子，卑以自牧，谦卦要求人们认识到自己的渺小，时刻不忘增强修养。这样才能让别人信服，也才能汇聚民心干大事。

在经济生活中，谦不是让人追求虚名，而是要化冲突为和谐、维持经济活动的良性循环。以“谦”为德，尽量避免不必要的攻击，曲线前进、以退为进。

案例

参与并购的当事者往往有一种认识误区，认为并购是一锤定音的交易，不与竞争对手决出胜负不能算成功。持这种想法的人忽视了一点，并购仅是促进企业发展的手段而非目的，那些不计较一城一池得失，秉持以退为进、曲线救国这种谦恭之道的企业家常常才是笑到最后的大赢家。大家耳熟能详的华人首富李嘉诚便深谙“谦道”这门委婉潜行的艺术。

“二战”后，随着大英帝国辉煌不再，原来在香港挥斥方遒的英资力量也逐渐在历史潮流中疲态尽显。从20世纪50年代末开始，香港逐渐成为李嘉诚、李兆基、郑裕彤、郭氏家族这一代“香港梦”缔造者的天下，其中以李嘉诚最有代表性。1950年，时年22岁的李嘉诚创立长江塑胶厂，1958年就依靠塑胶花、塑料玩具达到了1000多万港元的营业额，夺得香港“塑料花大王”的称号[1]。在掘得第一桶金之后，他意识到塑胶花行业的局限性，开始挺进地产业，最终成为华人首富。在李嘉诚创业史上有一个分水岭，便是他以6.93亿港元吞并了市值62亿港元的和记黄埔。为何李嘉诚能够以极其优惠的条件赢得一场香港开埠以来的大并购战役？这就不得不赞叹其以退为进的谦道艺术，而这场和风细雨的成功恰恰与李嘉诚退出九龙仓收购密不可分[2]。

九龙仓是香港最大的货运港名称，也是一家有百年历史的英资洋行名称，由怡和洋行[3]创立、置地控股，该公司全称为香港九龙码头及货仓有限公司，经营转口业务，其名下的产业包括九龙尖沙咀、新界、香港岛上的大部分码头、仓库，还有尖沙咀地区最大的购物中心海港城、海洋中心大厦等物业。当时在地产业已经崭露头角的李嘉诚一早就看中了九龙仓在尖沙咀的地皮，不动声色地买下九龙仓发行的1亿股中的2000万散户股，但之后却将股票转给当时的船王包玉刚，以这种形式低调退出了。这次退出看似吞掉九龙仓的失败，但反为他收购

[1] 孙良珠:《李嘉诚全传：从塑胶推销员到华人商界领袖》，武汉：华中科技大学出版社，2010年版。

[2] 林士明:《高手过招——香港收购战实录》，海口：海南出版社，1994年版。

[3] 怡和洋行与和记、会德丰、太古并称为当时香港英资四大行。

和记黄埔的成功埋下伏笔 [1]。

一些分析认为，李嘉诚选择退出有三个原因：

第一，虽然当时李嘉诚是散股暗购的方式，但这一举动还是惊动了九龙仓。九龙仓作为英资，有怡和做靠山，与汇丰银行这个香港第一大财团关系也并非一般，贸然强取只会同时挑起怡和、汇丰对李嘉诚长江实业的敌意。地产业与银行业关系密切，如果缺少汇丰的支持，长江实业在未来发展中必会多走弯路。

第二，当时的船王包玉刚也看上九龙仓的码头，意欲通过争夺九龙仓的控制权从而掌握相关航运设施。当然也有一种观点认为包玉刚此举实是醉翁之意不在酒，船王在 20 世纪 70 年代末察觉到 80 年代初的世界航运低潮期即将到来，意欲借九龙仓进军地产业躲避航运衰退大潮。无论如何，对于当时财力、人脉都高出一筹的这个强大竞争者，李嘉诚选择了见好就收，将自己的 2000 万股转给包玉刚，以 6000 万港元的盈利收手。

第三，九龙仓股价已然水涨船高，再贸然推进，反不划算。1977 年底到 1978 年初，九龙仓股价为 13—14 港元／股，而到 1978 年 9 月就已经上升到 40 港元／股。至 12 月，怡和的另一家子公司置地公司也加入争夺九龙仓控制权的混战，这一场争夺控股权的混战一直持续了将近两年，最终以包玉刚高价胜出，当时已是每股 105 港元。

那么，李嘉诚的退出又有什么回报呢？这次退出直接为低价收购和记黄埔埋下了伏笔。和记黄埔当时分为两大块：和记洋行、黄埔船坞。整个和记黄埔集团有大批的土地物业和连锁零售业，最关键的是从 1973 年开始它由汇丰控股。虽然没有被公开承认，但李嘉诚退出收购九龙仓与汇丰沈弼从中斡旋不无关系，而李嘉诚此举无疑博得了汇丰好感，沈弼对李嘉诚更是赞赏有加 [2]。你来我往、

[1] 傅桃生:《包玉刚在香港的股市大战》,《炎黄春秋》, 1993 年第 1 期，第 10 页。

[2] 这个说法在孙良珠著的《李嘉诚全传》中也有提及。

投桃报李乃人之常情，1979 年 9 月在沈弼的主导下，汇丰以每股 7.1 港元的价格将 9000 万股和黄股票卖给长江实业，这个价格只有和黄股票市价的一半[1]。李嘉诚还因为帮助包玉刚争夺九龙仓控制权一事，建立了与包玉刚的合作友谊，并获得了后者所持有的和记黄埔股份。李嘉诚在九龙仓退了一步，却赢了一个更大的平台。在控制了和黄之后，李氏王国的版图便开始迅速扩张，在 20 世纪 80 年代成为香港首富直至今日。

当然，市场规则、银行法规今非昔比，但这种以退为进、迂回得胜的商业艺术很值得学习。

[1]“解读李嘉诚的创业故事”，http://data.book.hexun.com/chapter-5186-2-10.shtml；“李嘉诚 7 亿吞并 60 亿，看其如何‘蛇吞象’”，http://culture.china.com/zh_cn/reading/shuzhai/11022789/20050511/12305662.html。

十六、豫卦

施格兰盲目转型：仰天笑太久，容易栽跟头

卦意小解

继大有、谦之后，是豫卦。这是说既富贵又能持谦道的人就可以“豫”。豫是欢乐、安乐的意思。豫卦指出了一条在安乐中如何自处的康庄大道。

豫卦的警示是，“豫”这种乐本身是好的，但对待安乐要节制，过度了就容易乐极生悲。豫卦就是让我们认清安乐跟忧患本质相同，都是身外诸境，全凭如何自处。

案例

在并购中，过去的辉煌与顺利永远都无法保证未来的一帆风顺，有时候过往的辉煌反而会蒙蔽企业决策者的双眼。施格兰这样的百年老店便是如此，在成为巨头之后因为盲目转型而跌落深渊，不仅丢掉了赖以起家的烈酒业务，还

在新业务拓展中四处碰壁、灰头土脸，最终落得被拆分的命运[1]。

施格兰最初是1857年加拿大安大略省一对叫约瑟夫·施格兰的父子经营的一家酒厂，该酒厂在被蒙特利尔的塞缪尔·布朗夫曼创立的酿酒公司收购时，也将酒厂字号卖给了后者，从此烈酒市场上多了一个响当当的企业，施格兰！布朗夫曼因为在20世纪20年代趁着美国禁酒，无人做酒业生意，转去拓展加拿大市场而大发了一笔横财，在禁令解除之后瞬间跻身北美商业巨头之列。在布朗夫曼的经营下，施格兰成为世界酒业巨头，在伏特加、威士忌和朗姆酒这些烈酒领域有着绝对的地位，它的很多品牌如皇家礼炮、芝华士、施格兰VO、马爹利在全球都享有很高声誉。随着行业地位的巩固，施格兰也开始走多元化发展道路。1963年注资得克萨斯太平洋石油公司，在1981年斥资收购了康菲石油公司20%的股权，使得石油成为施格兰公司的一个主要盈利点。这时候的施格兰一直顺风顺水。

但当1986年，老布朗夫曼年仅31岁的孙子，小埃德加·布朗夫曼接过了施格兰大权之后，施格兰原本审慎的步调开始变得冒险起来。当时的施格兰年销售额为29亿美元，但小埃德加·布朗夫曼认为酒类市场业已成熟，增长速度太过缓慢，是时候进军媒体和娱乐业获得更高的利润与回报了。20世纪90年代末，施格兰花费了高昂代价开始进军传媒业。在1995年耗资57亿美元收购MCA，也就是后来的环球电影；1998年吞并宝丽金唱片，更是耗费了104亿美元。

然而这些并购都不怎么精明。并购环球影业时，为了成功融资，小埃德加以90亿美元的价格将他在杜邦公司的股份出售，这个价格比市价低了将近30亿美元，这是一个明显的亏本买卖。在并购宝格丽的时候，他拆分了核心的饮料业务，把年盈利33亿美元的Tropicana果汁业务卖给可口可乐，以此来缓

[1] 本案例参考自：[英]格兰特·戈登、奈杰特·尼科尔森：《家族战争》，海口：南海出版社，2008年版。

解收购宝丽金带来的资金压力。布朗夫曼家族虽然声名显赫，但是在好莱坞这个名利场却是新手，小埃德加的外行明显表现在对两个娱乐传媒公司的经营上。比如，他将自己并不能掌控的人任命为CEO，逐渐让自己的控制变得有名无实。另外，这两家公司在被收购之后一直处于亏损状态，甚至直接影响到了施格兰其他业务分支。施格兰向传媒业转型的宏图大志，还因为美国其他企业的虎狼环伺而进展艰难[1]。

在遇到困难的时候，小埃德加的第一反应便是退缩，2000年他将整个公司以340亿美元的价格通过换股的方式卖给维旺迪。掌握了施格兰控制权的维旺迪对酒业完全没有兴趣，他将施格兰的整个烈酒、葡萄酒业务低价打包出售，施格兰原来的竞争对手法国保乐力加和英国帝亚吉欧以极为优惠的价格瓜分了几个著名的酒类品牌，前者收购了芝华士、格兰利威、马爹利白兰地、施格兰杜松子酒，后者则更是因为拿到了皇冠威士忌、VO加拿大威士忌以及摩根船长朗姆酒这些品牌进一步坐稳了世界酒业霸主地位。当年的财务报表显示，这些品牌的盈利占据当时施格兰公司酒业营收的35%，为整个施格兰帝国贡献了超过60%的盈利[2]。

施格兰本是全球酒业的霸主，但却在没有任何强劲对手刁难的情况下，输给了自己的转型。自此施格兰成为全球酒业中一段因为“酿造过头”而苦涩无比的历史回忆。

---

[1][美]麦克尔·克雷格著:《大手笔：美国历史上50起顶级并购交易》，海从、丁文正译，北京：华夏出版社，2004年版，第82—85页。

[2]“布朗夫曼：媒体业中最愚蠢的人”，http://business.sohu.com/68/96/article204679668.shtml，Pernod, DiageoSeal Intelligent Deal with Seagramm,Int'l Fin.L.Rev.21(2001):11。

十七、随卦

百富勤先盛后衰：过了河最好把桥留着

卦意小解

随在豫之后，因为豫是快乐，如果能与人同乐，众人就会跟随。随卦讲的是怎么跟随别人的问题。

随其实是在说依附的艺术，要亨通发达就要用正确的方式依附对的人。随卦这里有个警示，就是：万不可过河拆桥。如果你依附别人起来，那么就不能在自己强大以后损害别人，这样会让自己陷入凶境。

案例

并购从来都不是简单的技术问题，还夹杂着纷繁的前因后果以及复杂的人事纠葛，良好的人际关系甚至是并购成功的一项重要因素，这需要并购参与者们在修炼专业技能的同时掌握随卦的艺术。曾经是亚洲最大的独立投资银行集团百富勤便是以“随”道起家的典范，但却因为未吃透“随”的三昧而在金融危机中落得被清算的命运。

百富勤是由梁伯韬、杜辉廉创建于1988年的一家金融服务公司，在1990年以借壳的方式在香港联交所上市，到1996年资产总值就高达242亿港元。除了精湛的专业知识以外，百富勤的迅速崛起与两位创办人政商两界良好的人脉关系密切相关。在创办百富勤之前，杜辉廉和梁伯韬均是万国宝通的收购名家，万国宝通是花旗银行当时在香港的财务分部，主导参与了香港多项大并购项目。杜辉廉的父亲是唯高达证券公司合伙人，在1984年唯高达被万国宝通集团收购之后，杜辉廉一度是万国宝通集团香港区主管。梁伯韬在进入万国宝通之前曾在多利投资工作过，而后在万国宝通多宗收购中表现出色[1]。

1987年全球股市低迷，花旗收缩海外证券业务，杜梁二人合伙自行创业，于1988年成立百富勤融资公司，通过一系列连续收购，三年便跻身香港十大投资银行榜单之上。在收购广生行和泰盛这两起直接奠定其行业地位的并购案中，香港富豪们的支持是成功的一个重要因素。

广生行创办于1910年，主营化妆品，它当时生产的花露水在港沪地区盛行一时，后来因为化妆品生意不好转而经营地产行业，又因经营不善逐渐衰落，在1989年被李嘉诚的长江实业收归旗下。长实对广生行地产私有化未果后意欲脱手，而李嘉诚做顺水人情的下家便是百富勤。当时李嘉诚通过和记黄埔参股百富勤，与梁杜二人交好，所以百富勤轻而易举地拿下了广生行。彼时梁杜二人创办百富勤只占了35%的股权，李嘉诚的和记黄埔、胡应湘的合和实业、罗氏家族的鹰君以及中信泰富等18家巨头参股65%。李嘉诚在广生行并购案中对百富勤的支持，无疑是其时来运转、得行非常之道的关键。收购广生行不仅使得百富勤资金充裕，而且使得广生行化妆品行业再次焕发生机，善意收购还为

---

[1]“接盘手梁伯韬”，http://www.iceo.com.cn/zazhi/2006/0822/189202.shtml。

百富勤赚得许多意外的人气。半年之后，百富勤进一步收购了老字辈的泰盛发展集团，渐以“收购专家”驰骋商场，为众多新上市公司和赴港上市的内地企业提供财务顾问服务，不到5年便成为香港鼎鼎大名的投资银行集团[1]。

但在百富勤风光正好的时候，忽视了一个问题，这也是随卦中一再强调的万不可过河拆桥。杜辉廉最初是“随”李嘉诚而起家的，在李嘉诚还在做中小地产的时候，他是第一个为长江实业集团撰写研究报告的专业分析员。梁伯韬在万国宝通的时候是刘銮雄等人的军师，也是“随”巨头们起家的角色。李嘉诚等商界巨子对百富勤的业务影响很大，长江实业、合和实业、中信筹集资金的业务一般都会转给百富勤。百富勤的快速发展以及名利双收之后，合伙人之间、公司内部和商界巨头之间的关系渐渐地都开始发生了些许变化。先是杜辉廉和梁伯韬内部争斗，后来又发展到跟一些商界巨子关系变得微妙起来[2]。后来在亚洲金融危机的时候，百富勤由于东南亚投资冒进损失惨重。百富勤的两大主要往来银行汇丰、中银拒绝收购百富勤，长江实业主席李嘉诚和中信主席荣智健也明确表示不会伸出援手[3]。而原来打算认购股份的瑞士苏黎世也因为种种原因取消计划，百富勤无奈只好申请破产清盘。

---

[1] 该并购案相关资料参见：冯邦彦：《香港企业购并经典》，上海：东方出版中心，2008年版。

[2] 这个说法来自一份“百富勤始末”的网络资料，在其注释第47页里详细地说明了百富勤和李嘉诚关系恶化的因缘。这份材料没有作者，所以文章中提供的信息真实性恐怕要大打折扣。但是该文章对百富勤的相关分析颇为独到，因其所引资料大多来自百富勤年报，对百富勤的财务状况也了如指掌，遂本书姑且采用这个说法。本书之所以认为关系不和一说并非空穴来风，除了该资料分析比较细致之外，还有两个现实原因：第一，是百富勤破产清盘时并未得到相关救助；第二，是法国巴黎建东证券收购百富勤中港证券业务后成立BNP百富勤时，只见梁伯韬继续留任，未见杜辉廉身影。可见，关系不和一说也有几分道理。但因为这份材料本身难以核实，所以将其罗列此处。资料来源：“百富勤始末”，http://wenku.baidu.com/view/a04f073c376baf1ffc4fad8d.html。

[3] http://www.dianliang.com/manage/200510/manage_26625_8.html。

十八、蛊卦

联想深陷 IBM 泥沼：蛇吞象不仅要牙好，还要胃也好

卦意小解

蛊在随之后，跟随别人到一定程度会出现自己被控制的局面，这是一种灾祸，所以是蛊惑之象。蛊卦讲的是如何祛除这种灾祸。

有了蛊祸，就要改革了。改革的时候关注几个原则：首先，要有坚强的后盾。其次，改革现状、匡正错误一旦开始就不能停，停下来就是灾难。最后，兴利除弊成功之后要载誉归田、急流勇退。

案例

并购交易是重要的，但是并购成功却不是以交易本身的成功为衡量标准，并购方还必须根据自身规模与发展愿景重新塑造被并购方，让两个本来独立的个体融为一个整体。往往混乱就在这个时候产生，怎么恰到好处地控制整合

中可能出现的混乱？蛊卦强调的周密调查、详细完善就很有帮助。联想在并购IBM PC业务的时候，显然这两点就没做好，所以并购之后的整合就显得非常混乱。

联想起家早期是通过给进口电脑做代理赚钱的，这样的发展模式造成的一个结果就是联想做市场很厉害，但是牌子就差强人意、技术上也不太行。联想在早前赚钱能力比较强，但在个人电脑市场趋于饱和时就很难有竞争优势，这时联想就面临着很大压力。缓解压力的方法要么是寻找更大的市场，要么是实现升级，但这都需要品牌和技术作基础，联想当时走了一条捷径就是并购。刚巧2003年，IBM要拆分PC业务。联想听到这个消息之后觉得这是个好机会，IBM名气大、牌子响，全球分销渠道也是一块肥肉，所以就打定主意要把IBM PC业务吃下来。

当然整个并购过程虽然不顺利，但也没出什么大纰漏，关键是在并购之后，联想才发现这一口咬大了。

首先，联想整个品牌系统因为IBM的加入而变得混乱。本来联想觉得把IBM牌子买下来，以后卖电脑打着这个牌子，市场认可度一定会提高。但当时联想并没有统一品牌，整个联想自己同时在卖IBM、Thinkpad以及联想自己的品牌。消费者的认知就很混乱，以前喜欢IBM的人觉得IBM跟了联想很掉价，就不买了，反而把IBM的品牌认可度给降低了。

其次，联想并不知道怎么有效利用IBM全球销售网络。并购之后，联想在全球出货量虽然在增加，但是算上成本，并购之前很被看好的全球销售网络也没起到太大促进作用。

还有一点很关键，联想并购了IBM之后，出现了内部阵营分化。为了稳定IBM阵营，联想对于IBM那一帮人马非常照顾，这就激起了原来联想中方员工的不满。在并购IBM没多久，联想原来自己的中坚力量一下子走了很多。

要说为什么联想即便把 IBM PC 业务买下也吞不掉 IBM 呢？这完全就是事先没有周密调查、事后没有细致完善。

我们先看周密调查这一面。周密调查其实就是一个评估双方实力的过程。联想显然高估了 IBM PC 业务的价值，也高估了自己控制混乱的能力。为什么联想会看上 IBM PC 业务？无非是品牌、客户资源和声誉。但是显然联想高估了这些资源，事实上 IBM 电脑品牌已经在走下坡路，否则它就不可能从 1998 年开始一直处于亏损的状态。吃掉 IBM PC 业务，就意味着联想以后要为亏损埋单，这就很可能是一个需要烧钱的无底洞。这些风险，联想在并购前评估得不够仔细。

但如果调查不够周密，其实事后还是有补救的可能，结果联想这一步也没走好。联想买了 IBM PC 业务之后，给外人的一个感觉就是不停地裁员、不停地换人、不停地开会培训，这都表现出联想原有组织结构根本就没有很好地适应突然庞大起来的企业。联想的误区在于以为改变组织形式等于调整组织结构，但却忽视了真正意义上的组织结构调整不在于把它变成扁平的、等级的还是其他什么样子，而是要能让组织保持足够的动力。

也正是这些原因，使得联想在并购 IBM PC 业务之后，有几年陷入整合泥沼，还拖得联想集团在后面几年一度没办法盈利。

十九、临卦

桂格做垮施耐普：当领导怎能没有两把刷子

卦意小解

临在蛊之后，祛除了蛊祸之后，事业将会上升到一个更高的阶段。这时候君临天下的气魄开始出现了，要当领导了，就是临了。临卦主要在讲领导的艺术与驾驭的方法。

临强调上下的感知与共鸣，临卦说当领导就要让下属产生自然感应的共鸣，群众们响应你，你的领导根基就很稳固。要让群众响应，就要恰当地发挥领导艺术，把握好事态的发展变化。

案例

做并购的人能从临卦里学到什么呢？从并购者的立场来看，临卦可以指导我们如何管理被并购的公司，这时候既要用温和的感化政策让其响应自己的愿景，还要用躬亲、明智的方法去治理。显然，桂格燕麦在收购施耐普公司的时候，没看过《易经》里的临卦，所以它高价买来施耐普，经过一通乱七八糟的管理之后，无奈只好赔本卖掉这家极具潜力的饮料公司。因为两者完全不匹配的品牌气质，使得桂格在管理施耐普的时候，根本无法获得后者的响应[1]。

施耐普是北美饮料市场上一个后起之秀，1972 年由几个喜欢喝苹果汁的食品店小老板联合创立，主要在纽约市销售新鲜果汁和苏打水，以追求一种天真、淳朴的健康生活方式被追捧[2]。

这个品牌能迅速崛起有两个非常特别的原因：

该品牌的分销渠道非常奇特，最初只在非常小的超市中售卖，后来发展到熟食店，以及冷饮小吃店。我们可能会觉得这没什么了不起，但还真是“没有调查就没有发言权”，这些不起眼的小分销商最后聚合成为一股强大的营销力量。

不仅如此，施耐普花大力气开展的营销活动也与众不同，它的代言人是一位名叫温蒂的大妈，这位体态丰满的原货车司机通过在电视上读粉丝邮件而备受推崇。施耐普赞助的电台节目以及脱口秀主持人也都同温蒂一样，都是极其古怪的人，甚至有评论认为这些人身上有着邪教一样的号召力，才为施耐普笼络了一群追求健康生活的忠实客户。

正是这两个非常与众不同的特色，让施耐普在 1994 年成为全美增长最快的饮料公司。它在非传统市场以怪异的方式飞速成功引来了可口可乐、百事可乐、桂格等企业的侧目，最终桂格耗资 17 亿美元，打败可口可乐，把这个古怪的饮料公司买到手。

---

[1] 本案例可参见：Robert F.Bruner, Deals From Hell: M&A Lessons that Rise Above the Ashes,John Wiley&Sons,Inc.,2005,pp.228–246；苏醒：《当“科学家”并购了“嬉皮士”》,《21 世纪商业评论》，2006 年第 11 期，第 86—88 页。

[2] Barry Winder,Quaker Oats and Snapple, Tuck School of Dartmouth College，http://mba.tuck.dartmouth.edu/pdf/2002-1-0041.pdf。

若说施耐普是纽约小暴发户们的心头好，桂格则是端坐厅堂看报纸的古板老爸们的最爱。成立于1891年的桂格燕麦公司，是美国历史最悠久的食品企业之一，它就像是一位彬彬有礼的中年绅士，跟施耐普那种坐在卡车上喝苹果汁的雅痞风格完全不搭。

桂格买到施耐普之后，觉得这个饮料的形象太非主流，不好，改掉！广告里那个温蒂长得一点都没有号召力，换掉！桂格还调整了品牌销售策略，跟我们常人一样，桂格觉得待在小熟食店没什么前途，换大超市！所以桂格把施耐普的铺货方式换成了传统的大渠道经营模式。这些改变都是致命的，非主流、货车大妈还有路边摊似乎是古怪、没前途的，但是耐不住小暴发户们喜欢啊！结果桂格通过规模化模糊了品牌的独特性，施耐普一下子就被“规模”得泯然众人矣了。

桂格当时的CEO扬言要让施耐普在传统市场上站稳脚跟，把这个喜欢特立独行的小众品牌拉到跟可口可乐、百事可乐同样的市场上一起竞争，以“追求成为可口可乐、百事可乐之后的第三名”为发展目标。但问题是桂格自己的渠道又比不过可口可乐、百事可乐，这就导致施耐普在传统渠道的激烈竞争中无法实现扩张，反而丢掉了其作为高利润饮料的非常规市场渠道。1995年施耐普的销售量下降了20%。1997年，桂格无奈以3亿美元的低价将施耐普卖给了一家投资公司，结果这家投资公司只是把原来施耐普的那一套重新搬出来用了一下，施耐普瞬间就又起死回生了，后来这个投资公司把施耐普以15亿美元的高价卖给了吉百利。

桂格买了一个极富增长潜力同时产品也极具个性的企业。而桂格只看到了增长，没有看到它的个性。所以把一个非常有发展前景的饮料公司指挥得乱七八糟，以至于最终不得不低价变卖。

二十、观卦

胜腾并购遭遇财务欺诈：没有调查不仅仅是没有发言权

卦意小解

临之后是观，做领导要带好下属，最主要的还是要会观察。所以观进一步说的是观察的问题。

观强调观察的时候不要只看表面，而要看本质。要看清事物的本质，心志首先要成熟，另外还要观察全面。带着太天真、太单纯的心态去观察，容易引来灾难。但太过计较细节，也会因为管中窥豹而看不到大局。观察的时候要多角度、多层次去观察，这样才能把握事物发展规律，遇到突发情况时才能做到应对自如。

案例

在并购时，多数企业负责人一定会问：要收购的这家公司赚钱吗？通过什么样的业务模式赚钱？买来之后对我的影响是好是坏？但一些极为重要的法律、财务以及商业上的细节问题，常常被忽略。并购方对目标公司的业务模式进行精准的定位，依赖细致的尽职调查，而很多以并购总设计师身份自诩的总裁们常常没有在这一环节投入太多精力。尽职调查的最主要目的在于对目标公司进行准确定位，为收购定价、整合提供重要信息，以及尽可能防范一切有可能发生的意外。这就需要谨遵“观卦”的教诲，如果对并购交易开始之前的观察不怎么感兴趣，就会像胜腾公司一样，因合并中的会计造假问题在合并后深陷诉讼官司，直接摧毁了大型企业王朝。

胜腾集团原是纽约一家集全球旅游和房地产服务为一体的集团公司。旗下的胜腾酒店集团（又译作圣达特酒店集团），是全球最大的酒店运营商之一，有速 8、戴斯、华美达、豪生等几大著名酒店品牌。它还拥有全球第二大汽车租赁特许经营业务的 Avis、全球最大的私人停车场经营公司、一流的汽车救援企业，在酒店、汽车租赁、大型消费抵押贷款、住宅房地产经纪领域处于全球领先地位[1]。它的前身是 HFS 酒店特许经营公司，HFS 先后收购了拉马达、霍华德约翰逊、天天客栈，并在 1997 年与 CUC 合并成立胜腾公司。

CUC(Comp-U-Card) 于 1974 年由沃尔特·福布斯成立于斯坦福，主要业务是电子商务，相当于一个网络版的苏宁电器，当然它跟苏宁电器在盈利模式上有很大不同，它主要做的是网络批发。它旗下的购物服务网站 NetMarket 主要是一个网上的大型批发市场，但它并不通过零售业务盈利，而是向来批发货物的批发商收取折扣会员费。它在全世界有 5000 万会员，每个会员年费为 50 美元。CUC 在 1995 年之后就因为有效地驾驭了互联网，成为网上批发的龙头企业。HFS 看上了 CUC 庞大的会员，觉得这些注册会员是一笔财富，就想借助这个会员网络实现跨区域销售。但在合并的时候，原为税务律师的 HFS 创始

[1] 胜腾公司、CUC 的介绍参见：http://en.wikipedia.org/wiki/Cendant http://en.wikipedia.org/wiki/CUC_International。

人、董事长兼总裁亨利 · 西沃曼对学新闻出身的CUC创始人沃尔特 · 福布斯竟然格外宽容，不但没有在意财务审核，在合并之后还保持了CUC独立的财务系统。西沃曼当时没有意识到的是，在不久的将来，他就要因为这份宽容而埋葬自己的前途。

直到1998年4月，胜腾总公司的财务经理在审核账目的时候，才发现CUC在兼并过程有转移资金的嫌疑。一经追查才惊觉CUC的大部分账目是虚假的。CUC当时将合并准备金反向记进收入方，虚增营收记录；将会员的长期营收在会计科目中记入短期收入，虚增当期营业收入与利润；把会费拖欠延期入账，虚增运营资本；伪造大量营收账款；并且还伪造了1995—1997年的5亿美元的虚假利润[1]。

此事一经宣告，胜腾的股价从每股36美元直线下跌至19美元，市值一下缩水到140亿美元，而在收拾这项财务欺诈烂摊子的过程中，胜腾先后花了4亿多美元，不消说还有因为对投资者造成了损失而无法弥补的公司形象。除此之外，胜腾还要拿出十二分精力处理来自购买了胜腾股票的自然人和法人发起的集体诉讼，1999年胜腾公司在诉讼官司中一共砸进去了近30亿美元。几年之后，胜腾集团一分为四，大型企业王朝也就此瓦解。

[1] 对具体的违规操作的论述引用自："会计违规和利润伪造：Cendant公司实例"，http://finance.sina.com.cn/t/56808.html。

二十一、噬嗑卦

吉列反并购：对野蛮人就要下狠手

卦意小解

观卦讲观察，观察到问题之后就要解决问题，这时就轮到噬（shì）嗑（kē）卦上场了。噬和嗑都是咬的意思，象征强力。我们可以把噬嗑简单理解成“恩威并施”里的那个威。

该怎么施之以威呢？这里需要注意几点：一、万不可以暴易暴。主要是这种方式从长期来看代价太高。二、要慈悲为怀。对犯错的人要惩戒，但惩戒之后还要宽容，避免其恶性循环。三、宽容但绝不纵容。对于屡次犯错、惩戒不改的，就要果断地严厉惩处之，以维护社会规则正当性。

案例

我们在并购过程中往往将企业视为独立的单元看待，但谁都不能否认人本身这个因素在企业互动时产生的作用，企业并购也会受到人性中的自私、贪婪、偏狭这些因素的影响。

20 世纪 70 年代美国市场上兴起的恶意并购潮流就是人性贪婪膨胀的结果。当时流行一种做法，只要潜在收购者有投资银行出具的保函能证明他们能筹集来资金，那么就可以进行收购。80 年代后期美国许多小公司利用这种手法，开具银行保函用银行贷款来吞并大公司，在收购成功后再把大公司的业务拆分出售，所得利润一部分用于偿还银行贷款，另一部分就揣着自己口袋里。这种做法对企业经营的损害是非常大的，这些小公司完全不在意企业经营前景与社会责任。

对这些挤到公司门口的“野蛮人”，很多企业束手无策、任人宰割，但是吉列公司对待这些恶意并购就像是它生产的剃须刀片一样锋利，对恶意并购者给予狠狠的回击。[1]

吉列前身是 1901 年在缅因州注册的美国安全剃须刀公司，它早期最赚钱的就是剃须刀片。吉列为什么能把一个小小的刀片卖得那么红火？这有两个原因。

第一个原因是吉列精明。在吉列开始做安全刀片之前，很少有人把刀片做成一次性的，吉列当时生意做大的一个很重要原因是它率先做起来一次性刀片，天天换的刀片自然很赚钱。后来一次性刀片不再受宠，但吉列市场已经坐稳了，随便做什么都赚钱。

第二个原因是吉列懂得做关系。让吉列真正实现销售跨越的是，吉列剃须刀成为美军的“必需品”。吉列当时以“劳军”的名义向战争中的美军供应剃须刀片，这样吉列不仅有了军队这样一个庞大的市场，还跟着美军把生意做到世界各地。

[1] 对吉列对抗恶意收购的论述可参见：[美] 丽塔·坎贝尔著，《阻击恶意收购：吉列案例》，北京：电子工业出版社，2004 年版。

“二战”一结束，吉列就迅速地强大起来。战后，吉列开始多元化、国际化的发展过程，它主要盈利的业务除了剃须刀还有家用文具、小家电、日化用品等。吉列的市场表现一直很优秀，所以很多人都想从吉列那里能分到一杯羹。在很多恶意收购者看来，吉列的刀片就是财富收割机，奥林奇就是其中之一，他先后对吉列发起了几次恶意并购。

1986 年奥林奇在未征得吉列管理层意见的情况下直接向吉列发出了每股 65 美元的现金收购要约；1987 年 6 月发出了第二次收购要约，报价每股 40.5 美元；同年 8 月再次发出每股 47 美元的收购要约。这三次恶意收购均被吉列成功地挡回去了。[1]

在应对恶意并购时，吉列一方面从内部强化自己的抵御能力，一方面在外部争取广泛的外援。

吉列能成功抵御恶意并购跟它当时的 CEO 科尔曼 · 默克勒的积极作为有着密切关系。默克勒为人谦逊，但意志坚定。他在吉列困难时期精兵简政，降低运营成本，提高企业生产能力。吉列除了加强自身管理、优化资产结构，还对管理结构进行了适当的修改。比如为了抵御恶意并购者操纵董事会，吉列改变了董事会选举方式，从 1986 年开始吉列将董事会结构改为交错形态，每一次都从 12 名董事中选 4 名任期三年的董事，这就限制了股东对董事会的控制权。[2]

除了从内部加强抵御风险能力之外，吉列还非常善于寻找外援。它除了争取小股东的支持外，还引入强有力的价值投资者。1989 年巴菲特通过自己的公司旗下注资吉列成为吉利第一大股东，坐镇吉列免遭恶意收购者的侵扰。

所有这些手段都帮助吉列逃脱恶意并购者的狙击，进而实现企业经营的稳固增长。

[1] 本文对恶意并购的相关论述以及吉列对抗恶意并购的案例参考了清华大学秦庚的硕士论文，详见：秦庚：《吉列并购案例分析》，清华大学硕士学位论文，2004 年。

[2] 同上。

二十二、贲卦

雷诺整合日产：效率与人情，两手都要硬

卦意小解

噬嗑之后是贲（bēn），贲就是纹饰，引申为仪礼和文化。贲卦的一个核心是强调刚柔相济，强调要关注文饰，但又不能太华丽，还需要有内在刚性的东西作支撑。

在企业并购中，两个企业间的文化整合是极为重要的一件事情。这时候刚性和柔性的手段最好合起来用。

案例

雷诺和日产汽车合并成功的案例，就很好地说明了成功的文化整合带来的良性循环。

日产汽车公司是日本著名的汽车制造企业，它一直走的是技术立业的路子，

研发能力也是世界一流。但日产长于技术、短于经营，在20世纪90年代经过一阵快速扩张之后，就面临市场锐减、连年亏损的窘境。当时很多汽车巨头都考虑过趁此机会把日产买下来，但面对日产积重难返的亏损、债务以及经营困局，大家都有犹豫。这个时候雷诺汽车甩开观望的那些人把日产并购了。

雷诺是一家法国汽车制造商，开始时主要生产兵工器械，两次世界大战期间曾是法国最大的兵工企业。战后雷诺被法国政府接管，在法国政府主导下，雷诺兼并了许多小企业。雷诺现在除了以生产轿车为主业之外，还兼顾拖拉机、农业机械等多元产业的发展。当时世界汽车工业发展速度开始减缓，制造商之间竞争激烈，各大企业都开始通过并购来壮大自己的实力。雷诺便也走上了结盟道路，所以它就在日产奄奄一息时把日产吃了下来[1]。

日产虽然有技术优势，但是经营上却困难重重。如何让日产重新焕发活力是并购之后最大的难题。在并购之后挑大梁的是雷诺副总裁卡洛斯·戈恩，戈恩是出了名的铁腕人物，但他跟一般强硬派不同的是，他给自己的铁腕上戴上了精美的天鹅绒手套，把强力隐藏在文质彬彬的外表背后。他很懂得强力的重要性，但是却避免通过从上而下的强制来推动变革。恰是这种既有“刚性”内核又有“柔性”外表的管理风格，使得戈恩在接收日产之后，扭转了日产一直亏损的局面。

戈恩到了日产第一件事情就是了解情况。他没有坐在办公室里等员工上门汇报，而是直接下到生产第一线去了解情况。戈恩很快就熟悉了日产的内部情况，也知道了问题的真正症结在什么地方。在掌握了详细的资料之后，戈恩制定了“日

---

[1] 日产和雷诺的介绍参看各自的网络主页和网络上部分文献综合。http://www.nissan.com.cn/about/profile/。http://www.renault.cn/index.html。http://baike.baidu.com/link?url=sAxi0CCY4oqve2afcb4_boO1bHw_MFXnY8yD9M9GweABefJVStXvQmO9MR0_lU7M。

产复兴计划”[1]。

这个计划除了关注技术上的开拓之外，主要目的就是整合雷诺和日产的经营。戈恩没有直接把雷诺的那一套强行搬到日产去，而是针对日产出现的问题，对症下药，在整个过程中刚性手段和柔性手段结合得非常好。

戈恩意识到日产的经营困难跟日产的独特文化密切相关。日产走的是日本传统的企业治理模式，很注重企业中员工的等级，并且由上级判断下级的贡献。戈恩决议对日产实行“休克疗法”，他大胆地推行带有刚性色彩的企业文化，一切以企业生产效率为目标，而不是以权威意志来判断员工的贡献。他提倡敢于变革，躬亲示范，以坚持刚性的成本管理，直接抛弃了日本那种温柔的“和风细雨”式的经营模式。比如为了直接缩减企业规模、节约成本，他减少一半零部件供应商。

在关注“刚性”内核的时候，戈恩不忘“柔性”手段。他同时也很注重维护日产原来企业文化中的优势，并没有因为改革而打破日本员工的工作稳定性、集体归属感。戈恩在为企业瘦身时，坚持不大量裁员的原则，以凝聚人心。

戈恩在刚性管理的指导下，辅以日本地域色彩浓厚的柔性文化，促成了这次复兴计划的成功。在2000年，日产公司就开始全面盈利。

[1] 相关论述参看 Allan R. Gold、Masao Hirano、Yoshinori Yokoyama：《外来者掌管日产——专访日产总裁卡洛斯·戈恩》，《麦肯锡高层管理论丛》，三联书店，2002年版；周见：《日本企业的再兴之路》，《日本学刊》，2005年第5期。

二十三、剥卦

光明失手西斯尔：骄兵易败，鲁莽的兵更容易败

卦意小解

剥顺承着贲，是说纹饰过繁就会剥落。剥是繁盛之后的凋零，这其实是在暗喻外部环境转差了。

大环境不好的时候该怎么办？这是剥卦主要探讨的一个问题。这个时候就不要贸然行动了，最好的策略就是小心谨慎，如果粗心大意或者肆意妄动，即便有所收获，最后的成果也会被别人剥夺。

案例

剥说的是大势对自己不利的时候，要扭转这个剥势，低调谨慎、防范风险便是重中之重。光明并购澳大利亚西斯尔的制糖业务，都谈到最后了，却败给了突然杀出来的新加坡丰益国际，就是在剥势中行事太鲁莽的原因。

光明食品集团是由光明乳业、金枫酒业、正广和等多家知名企业在2006年整合而成的。成立之初的定位就是做国内一流、国际领先的大型食品综合企业，所以海外并购也就成为光明食品集团的一个战略发展重点。2009年6月澳大利亚西斯尔公司要分拆旗下的制糖业务，这个消息出来的时候，光明有心拿到这块业务。西斯尔是澳大利亚最大的糖业企业，澳大利亚糖业的半壁江山都在它手里。光明要是能把这个业务收归囊中，不仅能给光明国际化提速，还会直接将光明推上糖业巨头宝座。但是天不遂人愿，光明的这一愿景最后还是泡汤了，这里面有两个因素：一个是形势对光明不利，一个是光明手法不纯熟。

光明并购西斯尔糖业的形势其实并不好，这种外部环境对于光明其实就是个“剥”势。一个最主要的原因就是西斯尔对跟光明合作没有多少诚意。这表现在两个方面：第一，西斯尔一开始就不怎么想跟光明合作。西斯尔早前就拒绝过光明的收购要约，打算把糖业分拆上市。只是后来由于澳大利亚联邦法院拒绝了西斯尔的分拆上市计划，西斯尔才开始考虑把光明纳入备胎名单。第二，西斯尔把光明视为跟别人讨价还价的筹码。联邦法院拒绝西斯尔分拆上市计划之后，西斯尔就在它的官网上时刻报道跟光明的谈判动向，这明显是作秀给第三者看的，好让人觉得自己是个香饽饽。这样有什么好处？明显是为了加价[1]。

做生意，白纸黑字的合同都能凭空生出来很多东西，更何况这种八字没一撇的口头谈判，变数就更大。在西斯尔本身没有多少诚意的情况下，光明就应该多长个心眼，这时候最好保持谨慎低调的作风，时刻做好第二手准备。光明显然忽略了操作技巧的灵活性，整个洽谈过程，西斯尔就一直在利用光明的实诚。

光明当时跟西斯尔谈的动向，在西斯尔官网上“正大光明”地摆着，所有人对这个谈判一眼就能望到底。这样对光明有两点不利：一点是，如果有其他的竞争对手暗中活动，人家很容易做到知己知彼，光明就很被动。另一点是，

[1]“光明失手西斯尔的背后逻辑”，http://finance.jrj.com.cn/opinion/2010/07/0704017722078.shtml。

给光明自满的心理暗示。西斯尔频频做出来一副认可光明的样子，这样会让光明觉得这件事情一定会成，不仅没签什么排他性的并购协议，光明还在最后自以为是地压低了报价。这个时候长期潜伏在暗处的丰益国际一下子就跳出来，用比光明高那么一点点的价格把西斯尔笼络走了[1]。

谈生意不怕半路上杀出来程咬金，怕就怕这个程咬金一直埋伏在暗处，然后一上来就咬死你。光明开始谈的时候就把自己底牌全亮出来，也没给自己留太大的回旋余地，最后只能眼睁睁地看着到煮熟的鸭子就这么飞了。

[1]“解密光明收购西斯尔失败的幕后‘隐形之手’”，http://info.food.hc360.com/2010/07/150857322592.shtml。

二十四、复卦

联合利华并购瘦身：集中火力，才能当第一

卦意小解

剥之后是复，复指恢复，衰落之后是繁荣的恢复。复卦就是恢复，象征着新的开始。复卦主旨在于阐明在大环境转好的时候如何抓住机遇的问题。这时候一个关键点还是保持理智、谨慎的态度，认清现状、审慎谋划，选自己最合适的方式去抓住机遇。

一些企业为了壮大实力而收购一些跟自己业务关系不紧密的企业，反而给自身发展带来了过多的负担。迷失在并购的歧途上而不知如何复归就很危险了。复卦就在提醒人们时常记得回过头来看看，企业的发展是否偏离了正轨。善于经营自己企业的长处是许多名企长寿的秘诀，而这就要做到企业的并购和减负同时进行，让企业一直保持着自己基业常青的生命原动力。

案例

联合利华的并购道路最能体现出复卦所蕴含的道理，它的很多并购项目就是旨在协助增强主业优势，一旦业务稍有偏离，就很快复归到主业上。

联合利华成立于1929年，主营日化用品，现在是全球快消品巨头之一。联合利华在过去80多年间，有过快速发展时期，也有过较为徘徊停滞的时候。不论在哪种状况下，它的发展始终围绕着核心业务进行。当然，这与联合利华早前开展的大瘦身行动有着密切的联系[1]。

联合利华在早期也是只管并购，不管并购来的企业是否有利于长远发展，旗下的品牌一度达2000多个[2]。所以有一段时间联合利华就像是一个吃多了的胖子，出现了业务零散、品牌杂乱、管理呆板等各种问题。到了1996年，公司整体利润增长非常缓慢，这个时候要么被臃肿的业务拖累死，要么就得瘦身。从1999年开始，联合利华集团重新理清了发展思路，“复归”到以家庭个人护理用品、食品以及饮料这些快速消费品为主攻方向的业务领域。理清思路之后，联合利华就大刀阔斧地对产品、组织架构方面都做了调整。

这一次瘦身行动目的便是剥离无关业务，集中精力发展优势业务。

联合利华先是主动剥离了与主业无关的业务，将这些业务卖给其他企业，最终确定了400多个品牌。2000年把“伊丽莎白·雅顿”这个香水业务卖给了FFI香水公司；2003年又把几个家用护理产品卖给雷曼兄弟和Witko集团[3]。

联合利华还通过并购扩大它主营业务的市场影响力。在2000年收购了美国贝斯特食品公司，一举超越卡夫，成为仅次于雀巢的第二大食品制造商。贝斯

[1]“联合利华：瘦身之道，整合之术”，http://www.zghzp.com/news/07/61725506693.html。
[2]李佳、李艳霞、孙伯奇：《论联合利华品牌成功与启示》，《商场现代化》，2011年第14期，第29页。
[3]同[2]。

特公司在调味品、速食面及酒店食品这些领域的优势，无疑给联合利华带来了强大的资源。这种强强联合在降低成本、实现规模经济方面就非常具有竞争优势。

联合利华的瘦身计划是减去不相干的业务，“复归”到公司的主营业务上，同时通过并购增强自身的竞争优势，最终迎来了公司新的增长期。

二十五、无妄卦

中铝并购遭毁约：不测风云年年有，中国企业冤屈多

卦意小解

无妄在复之后，是说恢复之后不要妄动，因为存在人力无法控制的反常情况。

对于这些反常情况要有正确的心理认识，这样才不会在失败的时候手忙脚乱、自暴自弃，进而胡乱修改原来正确但没发挥好的策略。

并购是个高风险的行为，许多不可测的因素以及人们完全意想不到的细节都会影响到并购的结果。无妄卦就是告诫我们要理性看待不可控因素，时刻保持谨慎，要提防这些不可控的风险。

案例

近年来，中国一些企业在海外并购中频频受挫，其中有许多的经验教训值得我们深思。很多时候是企业本身的失误，但也有很多情况是企业遭遇了无妄之

灾。中铝集团195亿美元收购力拓最后遭遇毁约，某种程度上就是一种无妄之灾。

中铝从2008年开始就注资力拓，当时拿到了力拓9.3%的股份。2009年2月份的时候跟力拓集团签订合作协议，中铝在协议中承诺花195亿美元把股份增加到18%，但到了6月份的时候，力拓单方面宣告撤销之前跟中铝所签的协议[1]。

很多人觉得这个失败着实太冤，这一次力拓毁约，跟澳大利亚政府有很大关系。本身中铝并购力拓是个单纯的经济事务。但因为中铝的中国国企身份，使得澳大利亚政府难免要从政治层面上考虑中铝并购的意图，澳大利亚很担心中铝并购力拓是政府行为。在澳大利亚政府看来，中铝入主力拓就等于中国控制自己的资源。

当然政治力量的介入是一个因素。还有一个因素是力拓打心眼里并没有把中铝看作合作伙伴。力拓之所以一开始接受中铝的并购要求，主要是力拓当时因为经济危机面临经营上的困难，中铝及时注资给力拓集团赢得了喘息机会。但随着世界经济逐渐回暖和澳大利亚政府的扶持，力拓集团危机一缓和，就觉得是时候踢掉中铝了，所以便有了后来的毁约。

这些因素对于中铝而言，就很难预料到。中铝集团为并购做准备的时候，精力都花在关注怎么并购上，忽略了并购之外的因素，以为用丰厚的资金就能够吸引力拓跟自己合作，显然力拓只把中铝当作一个提款机。

面对发达国家，我们一直是学习者与追赶者的姿态，但也不能盲目迷信这些国家的市场规则，这些国家游说集团力量乃至国家政治的影响，有时候也是造成我国企业海外并购失败的一个主要原因。近来许多关于中国海外并购案例的分析中都一再指出，中国企业需要低调进入，对海外市场的政治风向、社会法律规则做长期分析和考察，作出比较稳妥的并购方案，并多留几手准备，才能提高海外并购的成功率。

[1]姚树洁:《中铝和力拓：中国大型国企的海外长征》,《对外经贸实务》,2009年第8期,第4—7页。

二十六、大畜卦

鹰君集团的大起大落：留得青山在，不怕没柴烧

卦意小解

无妄是不要妄为，无妄的情况处理好了，就会迎来大的蓄积。小畜的时候我们说过蓄养的问题，这里我们着重讲一点，就是“蓄止”。

蓄止指的就是在不可行的时候就要“止”，就是停下来修炼内功。这里面有两个层次：第一，要会停。失败了、遇到危险、出了大状况，该停就停。第二，停下来之后立刻解决问题。一旦遇到困境要学会停下来解决问题，要会欲上先下、欲进还退、欲紧且松，练好内功、等待时机，再谋一发而起。

案例

并购成功率并不高，失败案例俯拾皆是。但交易者们往往有这样一种心理，总倾向于认为自己处于那个成功群体，失败那是其他公司的事，意外更是新闻

里才会有的情况。但实际上，大困难人人都会遇到，这个时候怎么办？就不要逆势而上，要该收则收，该放则放。香港地产界叱咤风云的鹰君集团，在其发展初期就曾经历过世道的大考验，庆幸的是，当时罗鹰石适时调整策略，才在后来市场复苏的时候，得以翻身[1]。

罗鹰石祖籍潮州普宁，早年跟随其父罗功贤在泰国经营土产、洋杂、布匹生意，在1938年将部分杂货、布匹生意转到香港，1951年脱离家族企业开始扎根香港商场。在掘得第一桶金之后，罗鹰石抓住了1950—1970年香港地产热潮，在1956年进军地产业，后来逐渐拼出一片天地，成为雄踞香港地产业的一方霸主。在此期间有大起也有大落，而他所以大落之后能再次翻盘，跟他高深的“大畜”造诣不无相关。

在进入商业地产业之前，罗鹰石先是有很长一段“蓄养”阶段。罗鹰石在1963年创办鹰君地产集团，1972年鹰君上市。香港房产市场在1973—1974年有一段短暂低迷期，这是罗鹰石进入商业地产面临的第一个阻断，但他避开锋芒，精明地选择了有政府政策保护的工业地产。他大量买进工业用地，建厂房，在商业地产低迷的时候，香港的实业者却给了他一个稳赚的市场。

前期的成功证明他眼光独到，但是有时候眼光独到、万事俱备也会出纰漏，地产行业的7年循环这一经验在20世纪80年代并没有帮上罗鹰石，反而让他狠狠摔了一跤。在工业用地领域成功之后，罗鹰石开始进入商业地产，他判断中环和尖沙咀商业中心虽然繁华但势必要逐渐转向湾仔和尖东，于是在其子罗旭瑞的协助下，他收购了尖东的富豪酒店、永昌盛（后更名为百保利），并在湾仔地区囤积了大量的地皮，寄望于在新一波的涨势中赚个盆满钵满。

罗鹰石的市场眼光毋庸置疑，但市场除了受自身规律的影响之外，还很容

[1] 本案例参考自：“罗鹰石家族：二代五财阀”，http://biz.chaoren.com/school/sd/20100902-49356.html；林士明：《高手过招——香港收购战实录》，海口：海南出版社，1994年版。

易受政治气候的影响。当时香港回归的政治大势极大地影响了香港的市场，撒切尔夫人在人民大会堂前摔倒的消息传到香港，恒生指数就应声下跌了62.64%。股市低迷引发港元危机、银行挤兑风波，酿成其后的金融风暴，这无疑造成了鹰君集团新并购进的富豪、百宝利市价大跌。鹰君集团当时以富豪酒店为筹码大举借债，采用了非常快速的扩张，导致整个集团在1982—1983两年之内亏损了20多亿港元。加之，当时是罗鹰石得力助手的次子罗旭瑞更因父子关系问题，出走鹰君集团自立门户，让鹰君集团的经营雪上加霜。一时间，鹰君债台高筑，危机四伏。

如果说20世纪70年代罗鹰石的成功在于前期的“蓄养”，那么后来80年代初遇到大考验的时候，他则选择了“蓄止”，迅速停下来，迅速重整。在当时的困局中，鹰君集团做了一个现在看来极为简单但很多人会犹豫的决策：止损！他在鹰君集团危机期间，将非常有发展潜力的富豪酒店以及百保利以900万港元的低价卖给了韦理斯亚洲证券，并接连抛售鹰君各处物业，以求套现还债。并在其后极快地调整了管理，说服三子罗嘉瑞弃医从商加入鹰君，撑过了市场的寒冬期。在罗嘉瑞的协助下，鹰君集团开始重整旗鼓，并在1985年开始走出谷底。其后在市场好转的时候，鹰君集团一扫阴霾，盈利十多亿港元，自此上升之势无人可挡。

回头看这段历史，就会发现：恰是鹰君集团当时壮士断腕，保存了生存机会，才有足够的时间和精力蓄养自己，等待市场复苏，得以走出低谷重谋发展，而这也正是蓄止的精髓所在。

二十七、颐卦

BAE四面出击：吃得太快小心噎着

卦意小解

颐就是养，它在大畜之后，这是指经过了大的蓄积阶段，就可以考虑养这个问题了。

颐卦的一个精髓在于讲究养的时候要自养，不要老想着靠别人，要学会自己养自己，这样，在困难的时候就不会因为别人不能伸出援手而无奈等死。等到你自己会养活自己了，那么才可以向外结盟，借助这些盟友的力量获取更多的资源来养自己。

案例

我们做并购，能从颐卦学到什么？最重要的一点时，并购前一定要自己能养活自己。这个道理很简单，但很多企业都不注意，英国最大的军火制造商

BAE 系统公司就是这样，英国政府宠它的时间久了，它就忘记修炼战略眼光和生存能力，养成了花钱大手大脚的习惯，在私有化之后因为高风险投资战略而陷入发展停滞。一个根本原因就是，它一味求“外养”而忽视“自养”，在政府不给它撑腰后，发展就变得很困难。[1]

BAE 系统公司的前身是英国航空航天公司，它依托英国政府的强力支持长期垄断了英国航空装备制造业务，在撒切尔夫人的新自由主义改革中从国企转为私营企业，但是一直保持着与政坛的紧密关系。BAE 的竞争对手除了欧洲大陆的欧洲航空航天公司，还有美国的几家大型军工企业。当时人气总统里根在美国也进行了相应的私有化改革，催生了洛克希德跟马丁的合并、波音和麦道的合并，这给英国航空航天公司带来很大的外部压力。1999 年英国航空航天公司在英国政府的支持下，通过换股的方式耗资 127 亿美元并购了英国另一家军工企业 GEC 旗下的马可尼电子系统公司，于是形成了现在的 BAE 系统公司。[2]

新公司的成立进一步确定了 BAE 在喷气式歼击机、导弹与军舰制造中的领先地位，BAE 也开始变得野心勃勃起来，认为不能继续在停滞的本土市场上深耕细作了，要放眼全球，多面出击。这时候 BAE 面临一个战略选择，到底是依托欧洲市场跟欧洲大陆的军工企业结成同盟，还是借助英美的盟国关系进入美国市场？BAE 最终选择进入美国市场，主要原因是美国在军工研发上的投资高于西欧。但美国市场被美国本土军工企业垄断，BAE 这个外来者能抢到多少资源？这个风险就很大。

但 BAE 并没有想太多，而是选择通过并购的方式大踏步进入美国市场。它最先跟美国洛克希德 · 马丁公司搭上线，后者一直是美国国防部、美国国家航

[1] 本文相关数据资料参考自：陶娟:《跨国并购：全球化时代军工大鳄成长术》,《新财富》, 2012 年 1 月号。

[2] 英国 BAE 系统公司的介绍可参看 http://wiki.mbalib.com/wiki/%E8%8B%B1%E5%9B%BDBAE%E7%B3%BB%E7%BB%9F%E5%85%AC%E5%8F%B8。

空航天局稳固且信赖的供应商，早先两家公司一起联合开发 X-35 试验机，在 2000 年 BAE 通过收购洛克希德 · 马丁旗下的三家公司进入美国军工市场。

但等到 BAE 把战略转移的赌注押到美国市场后，随即便遇到了大考验。

第一，BAE 缺钱。BAE 在私有化转型之后，很难得到有效的国家财政支持，它此时面临的最大问题是怎么赚钱养活自己。目前和平是全球发展大势，这就意味着军备市场只会进一步被压缩，明智的军工企业都会走民用线路。但 BAE 转而开拓美国市场也只是在军工这个日益枯竭的市场上深耕细作，并不是开拓新财源。客运业务比军备业务更能提供持久连续的资金收入，BAE 本身有飞机制造优势，但它没能发展起来这一民用业务，反而跑去跟美国的军工企业抢饭碗。

第二，BAE 在缺钱的情况下花钱还大手大脚。从 1995 年开始，BAE 就不停地实施收购行为，到了 2012 年 BAE 在收购上已经花去了 180 亿英镑，为了筹钱还卖了价值 40 亿英镑的企业 [1]。仅 2000 年进入美国市场，就先后动用了近 20 亿英镑收购洛马旗下的三个企业，洛马虽是美国军备制造巨头，但它一样面临竞争激烈、资金紧张的困境，BAE 大手笔并购反而给洛马解决了资金难题。帮别人解决问题，自己就得吃亏，BAE 收购了洛马几家公司之后，资金就捉襟见肘。

第三，BAE 在美国防务市场上水土不服。2000 年 BAE 刚落脚美国，美国防务市场的风向就发生了变化。“9 · 11”使得美国国防部将“反恐”视为头等大事，在其后的阿富汗战争、伊拉克战争等局部军事行动中，地面武器顺势走俏 [2]。BAE 的强项是适合大规模全面作战的直升机和潜艇，在中东战场很难发挥作用，BAE 很有可能就被从美国国防部的供应商名单上划掉，不想坐以待毙的 BAE 此

[1] Jonathan Ford,BAE shows danger of growth by acquisition,http://www.ft.com/cms/s/0/96207cda-0630-11e2-bd29-00144feabdc0.html#axzz2bku3VZL3。

[2] 对于“9 · 11”恐怖袭击对军工企业的影响，见：陶娟：《跨国并购：全球化时代军工大鳄成长术》，《新财富》，2012 年 1 月号。

时祭出了一个杀手锏，结果还是并购。它又接连耗费巨资收购了一批以装甲战车、手榴弹炮、地对地导弹为主攻方向的企业，才险险保住了美国国防部的供应商地位。

在本身就缺钱的情况下，还不知深浅而掏了一大笔钱去并购，BAE 总觉得自己眼光长远，所以这些损失都不严重。但在生存问题尚未解决时，奢谈长远发展没太大意义。早前 BAE 之所以能频频大手笔收购军工企业，跟英国政府军备政策导致的充沛现金流不无关系，这种毫不费力得来巨资的方式不仅助长了 BAE 高风险偏好的并购风格，还让 BAE 忽视了“自养”的重要性，因为它惯性地相信在遇到危机时，政府有能力也有意愿出手相救。

2000 年前后英国政府财政危机推动又一轮削减军费议程，这使得 BAE 在获取资金方面变得难上加难。无法从政府那里得到足够的支持，并没有减缓 BAE 的脚步，它依然采取了高风险的并购措施。BAE 为了筹钱，剥离了大量稳定资产，并收缩了在瑞典、南非、沙特阿拉伯等国的业务。这又是一起典型的为了不确定的未来赌掉自己手上稳定财富的行为。

这造成了什么结果呢？当然，快速并购带来的资金紧张、子公司经营混乱都出现了，但这与战略和发展上的损失相比根本不值一提。BAE 因为仓皇出击美国，而丢掉了欧洲防务市场中的话语霸权，它在 2010 年前后想返回欧洲市场就遭到了欧盟国家强劲的抵抗。美国在奥巴马上台之后，专注经济复苏，对军备预算的削减无疑又是 BAE 下一场灾难。

实施向外扩张战略，一个前提就是要有扩张的本钱、能力和时机。这三个限制条件缺一不可，但显然被“竞争”冲昏头脑的 BAE 并没有意识到这些，它高估了“外养”的价值，试图通过向外扩张获得一切，却弄反了战略顺序、拖累了自己的发展。

二十八、大过卦

西部矿业收购获各琦：老大不做主，没人跟你走

卦意小解

颐下来就是大过。养也不能过分，多了也会出现问题。大过卦主要关注颐养过盛之后出现问题应该怎么办。

大过卦的核心是怎么纠正“过犹不及”的这种“过”。要纠正过错，就要学会非常时刻行非常手段，要“独立不惧、遁世不闷”。在大过这种非常时候，要行什么非常手段？第一是要头脑清楚，眼光锐利。第二就是注意力和势这二者之间的匹配。你有多大力量，就做多大事情。如果你力量不强，要扭转局势时，做事就要郑重、谨慎、居下而柔。但你即使力量很强，也不能没有盟友和帮手。把握好这两点最终都会亨通。

案例

大过卦强调“非常时期要行非常手段”，非常手段的外在体现就是“独立不惧”。很多人对于把“独立不惧”用到并购中是有一定疑惑的。这常常会带来一个疑问，有那么多“独立不惧”的老总直接一板惊堂木拍下去，结果决策失误把企业拍垮了的现象怎么解释？这就是没注意到大过卦后面讲的凭什么“独立不惧”的问题。凭什么？力与势的匹配！所谓艺高人胆大，《易经》为什么一直强调要谨慎，就是《易经》预设大家的“艺”还没到能“胆大”的程度，艺不高还胆大的行为在《易经》看来是非常不明智的，有浪费生命之嫌。我们看一下西部矿业收购获各琦矿山的例子，就能发现，当时的董事长毛小兵之所以“独立不惧”地承担高风险买下获各琦矿山，取决于他们团队对市场风向以及矿藏判断的精准，这个判断偏巧就是个艺高人胆大的问题[1]。

西部矿业前身是青海锡铁山矿务局，当地主要出产铅、锌，该地矿产开采最早开始于20世纪50年代末，到80年代国家建委开始将锡铁山列入“六五”期间的重点项目，因为80年代生产与市场的影响，锡铁山矿务局一直难以发挥优势。在2000年5月，锡铁山矿务局在青海省国资委的主导下改制为西部矿业有限责任公司，在2002年，西部矿业耗资1.6个亿收购了获各琦铜矿，在2003年成立了西部矿业巴彦淖尔分公司。

当时收购获各琦，西部矿业内部质疑重重。

一是考虑到获各琦铜矿亏损的复杂局面。获各琦铜矿位于狼山山脉的中段，在内蒙古自治区巴彦淖尔市乌拉特后镇，隶属获各琦矿务局管辖，是内蒙古规模最大的有色金属露天开采矿山，铜矿在1988年就开始开采，不仅有开采时间过长导致矿区已无投资价值的嫌疑，还有获各琦因为当时铜价长期低迷、扩建

[1] 吕蜀君：《西部矿业并购案例分析》，华中科技大学硕士论文，2007年；“西部矿业并购获各琦铜矿”，http://wljxl.hutc.zj.cn/sjjgl/onews.asp?id=1235。

过于迅速，每年都在亏损的问题。

二是因为1999—2001年西部矿业所属的有色金属行业一直处于市场低迷的状态，西部矿业本身的经营也面临很大风险，贸然耗费巨资收购风险过大。当时西部矿业打算上市，而上市对利润的要求就很严格，这个时候贸然收购一个无法在短期盈利的矿山显然也是不明智的。

面对两个主要的质疑，毛小兵作为西部矿业的一把手并没有就此止步不前，他在权衡各方利弊之后，果断敲定了收购获各琦铜矿的方案。

毛小兵如此果断的原因在于他对市场和获各琦铜矿判断的精准，后来这两点也都被证明是正确的。

首先，便是有色金属市场回暖。2002年有色金属行业开始复苏，市场需求尤其是国内对有色金属的需求迅速增长，这种供需变化导致了有色金属价格节节攀升。西部矿业当时的主营产品是铅和锌，这两者的价格受铜矿价格波动影响很大，掌握铜矿矿山的开采权无疑对于西部矿业未来的发展极为有利。

其次，时任西部矿业总地质师的邓吉牛认为，获各琦矿区的成矿地质条件很好，过往的露天开采忽略了深层探矿，他判断获各琦还有没被探明的大矿[1]，这一点得到了毛小兵的支持。而后获各琦深层矿藏的发现，也无疑证明了毛小兵当时决策的正确。

当然，值得一提的是，在这项矿山收购中，西部矿业得到了当地政府的大力支持，这些也都是大过卦一直强调的要正确寻找助力的重要性。

[1]参见邓吉牛:《锡铁山地区找矿规律与找矿靶去预测》(新华网,“矿界神探”邓吉牛)。江军生:《获各琦铜矿露天转地下开采开拓系统选择研究》，中南大学硕士论文，2005年。

二十九、坎卦

淡定的暴雪：有实力自然有定力

卦意小解

坎在大过之后，是说事物的发展不能太过，太过就不顺利了。其实坎就是坎坷，这一卦就是教人如何从“坎”这种险境中脱离出来。

这里有个准则：面对困境的时候要坚持心中的原则，就会亨通。遇到困难不要恐惧，只要坚持心里的原则，就能深入思考具体该怎么解决这一问题。坚持自己的原则，不仅能使你化险为夷、冷静处事，重要的是它可以帮助你在面对诸多未知性困难的时候，不会迷失自己。

案例

我们前面几乎所有的并购案例都是站在并购者的立场上思考问题，但如今，三十年河东三十年河西的故事在资本市场上是家常便饭，今天是挥舞资金的并购方，明天很有可能被收购。对被并购方而言，被并购本身意味着自己独立发展的停滞乃至终结。从这个角度看，暴雪公司绝对是朵奇葩，它被转手卖了好几次，但却还是淡定地坐在自己游戏产业霸主的宝座上，傲视群雄。股权易手往往意味着混乱，但为什么暴雪能够在数次股权转换面前还一脸从容？这与它始终保有游戏的独立开发权这个自己安身立命的根本有密切关系。这是暴雪在历次的动荡中屹立不倒的主要原因。

暴雪公司是美国著名的游戏开发和出版发行公司，制作过著名的《魔兽争霸》《暗黑破坏神》等游戏，早期以为其他游戏工作室制作游戏端口为业，站稳脚跟之后就转向家用机的游戏开发，后来又开发了《摇滚赛车》和《失落的维京人》等多款经典游戏[1]。在事业早期，创办人遇到了一个创业公司所能遇到的各种困境。做游戏开发，钱很重要，每一款经典游戏的开发周期都很长，这就容易导致游戏开发公司经常会资金紧张，暴雪的几位创始人一度依靠借款度日。日子过得苦哈哈的时候，他们依然坚定追求制作经典游戏，也正是依靠这一信念，他们度过了创业初的压力期。

1994年公司正式命名为暴雪娱乐，并在当年被美国的Davidson & Associates收购，后者是以开发教育软件起家的出版公司，有着强大的市场经销网络。暴雪在被并购的时候开了一个条件，就是不管遇到什么情况，都要保留原有的核心团队，保留团队的游戏自主开发权。在Davidson & Associates的资金支持下，暴雪推出了后来极为成功的《魔兽争霸》游戏。在后来一次电子展上暴雪遇到了正在开发《暗黑破坏神》的Condor公司，暴雪发现二者理念极其神似，手中握有足够资金的暴雪在1996年收购了Condor，并将其更名为暴雪北方。同样，暴雪北方的游戏开发团队也是独立的，这就形成了暴雪公司内部同时并立暴雪北方和暴雪总公司（后来人们习惯称为暴雪南方）的局面。除

[1] 邱罡：《游戏帝国王者暴雪的成功之路》，《记者观察》，2012年第7期，第52页。

了资金整合之外，这两次收购更大的意义就是整合市场推广、公关和客户支持。

之后暴雪公司几经易手，1996 年暴雪原母公司 Davidson & Associates 被 CUC 收购，而后 CUC 和 HFS 合并成立胜腾公司的时候，暴雪又成了胜腾的子公司。这个 CUC 就是观卦里那个和 HFS 合并成立胜腾公司过程中实施财务欺诈的 CUC，因为这项财务欺诈，胜腾公司在 1998 年解体的时候将暴雪卖给了 Havas。Havas 是法国一家水利工程和城市供水设备制造公司，买暴雪完全是基于要进入传媒业的考虑。但同年 Havas 在多元化扩张的道路上受挫，又被法国维旺迪集团收购，维旺迪则是我们前面豫卦中收购施格兰的那个法国传媒巨头，自此暴雪公司转而成为维旺迪游戏分公司的一部分。2003 年，大踏步前进的维旺迪也遇到了资金紧张与债务危机，并曝出假账丑闻事件，有一阵子打算将暴雪挂牌出售，2008 年维旺迪又和 Activision 合并，自此暴雪又更名为暴雪动视，而到目前为止还会时不时传出暴雪或被其他公司并购的消息。

暴雪前后被转卖了四次，先后经历了五家母公司，在此期间存在着多次的所有权转换与母公司管理变动，但暴雪一直很淡定，不管谁领导它，不管那个领导水平怎么样，它都完全不受影响。1998 年胜腾的会计违规事件没有影响到《星级争霸》的发售；2002 年维旺迪假账丑闻曝出的时候，最大影响就是造成了南北暴雪合并的局面，但当年暴雪依旧正常发售《魔兽争霸Ⅲ》。

这主要在于暴雪从第一次被并购的时候就坚持了一个核心的原则，即确保游戏开发权掌握在自己的核心团队手里。坚持自己的原则，以不变应万变，对于被并购的公司而言不失为一个有效的生存经验。

三十、离卦

阿里巴巴借助资本壮大：让萧何帮你，但别让他毁了你

卦意小解

坎之后是离，离是附丽的意思，有依附的含义在里面。在陷入坎坷的时候要脱陷，必须要学会依附，其实离卦讲的就是依附的艺术，它主要说的是，在依附别人的时候要怎么做。

在离卦看来，柔弱的一方依附刚强的一方是天道，双方各安其命、各取所需。离卦就是要求我们学会借势。依附的时候，要摆正心态，甄别依附对象，但切记不能没有原则地依附。依附的艺术贵在顺其自然、不可强求。这样依附才会有效果，才能争取尽可能多的有力支撑，以助自己跨越困境。

案例

现代社会分工越来越细，也更加专业，很多时候一个人是无法做成事情的，往往要考虑向外借势，但在借助外力的时候会有一个问题，就是被外力反利用甚至反制约。这时候最好多读读离卦，它强调要在争取支持的时候，坚持自己的原则。毫无疑问，这方面马云是个高手，他的壮大跟资本运作密切相关，但是他能在借助资本成长之后，握住自己的控制权，这就不简单了。

马云最开始涉足互联网的时候主要给企业做网页，早年他通过帮外经贸部做网站积累了初期的资源，慢慢接触到电子商务。后来他发现当时流行的电子商务太美国化，太精英模式，都在抢大企业的生意，没人做中小企业。当时许多中小企业都在做出口，但没有好渠道，马云就走了一条"农村包围城市"的路线，他转而开发中小企业贸易平台。1999 年，他创办了阿里巴巴，开始专做中小企业对外贸易的网络平台。

马云在阿里巴巴一开始发展的时候就跟资本结下了不解之缘。先是 InvestAB 的蔡崇信看中了阿里巴巴的这个发展模式，后来高盛牵头投了 500 万美元，接着就是软银的孙正义投了 2000 万美元，后来孙正义又补了 3500 万美元。坊间有一个很流行的说法是，孙正义拍板给马云投 2000 万美元只用了 6 分钟，因为孙正义跟马云见面的时候觉得马云这个人有激情、有前途，所以考虑了 6 分钟之后就给马云投了 2000 万美元。但想必在这 6 分钟背后，软银应该很详细地评估过阿里巴巴的经营模式，孙正义之所以这么大手笔，完全在于他认可阿里巴巴未来的盈利能力。这一点孙正义后来在杭州跟马云交谈的时候就曾讲过，他当年意识到多数互联网公司是在复制美国的成功模式，而马云则是在做一个符合中国市场环境的企业。所以说，孙正义看重的，是阿里巴巴那种独特的模式，这种模式的竞争力是当时一般企业所不具备的，当然就很值得大手笔投资了[1]。

有了资本的保驾护航，阿里巴巴就以非常快速的手法扩张着自己的帝国。在阿里巴巴显现出后劲不足的时候，马云先是大张旗鼓地发展淘宝网，接着又开发出支付宝，并且开始涉足软件和广告营销业务，在2005年的时候和雅虎结成盟友，进而发展搜索引擎产品服务，尝试着把阿里巴巴的触角渗透到集“搜索、推广、交易、信用考察乃至于软件管理和金融服务”这样一整条电子商务产业链之中。因为意识到电子商务近几年存在的问题以及阿里巴巴和淘宝网脆弱的软肋，马云目前已经开始尝试超越电子商务，转而开始发展线下物流体系。在马云手里，资本发挥了它最大的价值。

但借力资本，就会受制资本，资本追求高额投资回报，不关心企业运营，这就使得很多时候经营者要在资本的胃口跟企业的发展，“鱼和熊掌”这对不能兼得的选项里面做选择，很多第一代创始人最后都被资本挟制住了。马云在初期借助资本才能以超常速度甩开竞争者，但这也使得马云的控制权有变弱的危险。马云积累了足够资本之后，第二步便是要摆脱资本的控制，这是很多借助资本坐大的创业者一直想做而没做成的事。阿里巴巴对雅虎的股权回购，可以看作是马云重新稳定自己控制权的一个明显举措。

离卦说的依附的艺术，强调既要能借助别人力量谋发展，还不要被别人的力量干扰。一般人只能做到第一点，但马云显然做得更好一点，所以他就走得比别人稍微远一点。

[1]“马云对话孙正义，想成功必须疯狂一点”，http://tech.sina.com.cn/i/2008-08-02/12042367736.shtml。

PART 2

第二部分

下经三十四卦

三十一、咸卦

宝马饮恨卖罗孚：道不同不相为谋

卦意小解

从咸卦开始就是《易经》下半部分了。咸是感的意思，咸卦主要强调相互感应，也就是共鸣的重要性。

在咸卦看来，和谐的精要就是共鸣。因为有共鸣，合作才会顺利。但共鸣不仅依靠默契和心照不宣，还需要经营。这就需要双方在合作的时候，既能寻找志同道合的伙伴，又能恰当地把握交往中的尺度，这样跟合作伙伴的共鸣才能长久。

案例

咸卦强调跟人合作时要找志同道合的人。跟这种人共事，容易达成默契，做事会顺利很多。企业并购也一样，如果目标公司跟你路子不一样，那就得小心了，弄不好就赔了夫人又折兵。德国宝马公司并购英国罗孚汽车就是这样。一开始，宝马觉得战略上两家完全能实现优势互补，但上手一操作宝马就笑不出来了，这项并购拖得宝马整整六年睡不好觉，最后无奈只得把罗孚拆分卖掉了事。为什么？道不同不相为谋。

宝马公司历史非常悠久，它诞生于20世纪初的慕尼黑，早期专攻飞机发动机研发。“一战”后，德国战败，欧洲国家限制德国生产飞机发动机这类军备产品，宝马就转而开始生产摩托车和汽车。因为本身技术底子好，它一入手做汽车，就不鸣则已、一鸣惊人。凭借着技术优势，宝马一开局就在高端豪华车这个细分市场上站稳了脚跟。但到90年代中期，德国车受到了日系车的挑战，宝马觉得只做高端豪车市场很受限制，风险太大，就犹豫要不要走大而全的多品牌路线，抵抗风险。并购罗孚就是宝马战略犹豫期的一个大动作。但为这一次犹豫，宝马交了一大笔学费。

罗孚汽车也是一家百年老店，它从生产自行车起步，后来转向汽车。从两轮走向四轮之后，罗孚立刻就跑得飞快，一度在市场上很受认可。在大英帝国最辉煌的时代，罗孚是英国人尊贵身份的象征。英国衰落之后，罗孚也开始变得萎靡不振，后又被英国航空收编。英国航空当时只求能最大限度地从罗孚身上榨出油水来，根本就不关心保护罗孚的品牌声誉。没过几年罗孚就耗光了原来的声誉，变得很平庸，平庸之后就是亏钱。

罗孚发愁没饭吃，宝马在犹豫要不要找个人搭伙过日子。很自然地，罗孚就引起了宝马的注意。瘦死的骆驼比马大，罗孚虽然落魄，但也是名门之后，根基还是有一些，宝马就决定把罗孚买下来。当时宝马要收购罗孚，内部也是分歧重重，反对者认为即便要收购也只能收购Mini小车和路虎越野，这两个跟宝马的档次还稍微能匹配，其他的产品线买来纯属拖后腿。皮斯理瑞德当时是宝马的CEO，他非常坚持整体收购，宝马最终接过了罗孚的全部产业，这其中包括罗孚汽车、MG 跑车、路虎越野和 Mini 小车。

宝马买了罗孚之后，很看重罗孚手上的路虎越野和罗孚汽车这两块产业，觉得这是能帮助自己拓宽大众市场的利器。但事实证明，宝马这个想法不够现实。对于汽车产业而言，高低端的品牌很难融合起来。在汽车业，低端并购高端容易，高端并购低端却很难。不但销售渠道难共享，技术人员素质不一样，甚至零部件都不一定能互换，这虽然都是些琐碎的事，但是一琐碎起来就很要命。到了 1998 年，宝马在这个项目上就亏了 30 多个亿[1]。2000 年，宝马董事会终于忍不住了，决定只留下 Mini 小车，把剩下的产业拆分开卖掉，并且辞退了当时坚持收购罗孚的几个关键人物，这才把宝马从亏损危机中挽救出来。自那次教训之后，宝马就坚定了走豪车路线，也才有了现在的辉煌成就。

[1]“评宝马罗孚的短暂婚姻，德国大夫救不了英国病人”，http://auto.sina.com.cn/news/2005-02-02/074398187.shtml。

三十二、恒卦

雀巢并购路：有恒心就能把强项发挥到极致

卦意小解

有了共鸣还不够，还要能把这种共鸣长久地维持下来。恒卦专门讲怎么长久维持一段关系。

要长久，就要走正道。只有走正道，和谐的关系才能长久。走正道的核心是恪守本分。你在这一段关系中的角色是什么？与这个角色相匹配的行为是什么？这就是你的本分，恰当地扮演好自己的角色，才能保持关系的长久。

案例

对于并购主导者而言，什么样的企业是你想要的？对你发展最有帮助？回答这个问题前，要先认清自己的本分，也就是自己的市场定位。很多企业在并购中喜欢四面出击，不知道自己要什么，最后反而被拖垮了。这时候还是多听听恒卦的建议，我们看雀巢咖啡并购的路子，就是走了一条“持之以恒”的路子，它在并购中坚持的那个“恒”，就是围绕着自己的核心产业做并购，让这些买来的企业为它的发展做贡献。

雀巢是全球最大的食品类企业。旗下产品种类繁多，不仅有传统的奶粉、咖啡、巧克力，还有几个有名的矿泉水、冰激凌品牌。雀巢的产品线目前已经覆盖了食品类的各个细分市场。在雀巢发展壮大的过程中，并购就是一个主要的手段。

雀巢集团是一家百年老店，它的创始人早年发明了一种新的婴儿奶粉配方，而后在1864年开了家婴儿奶粉公司。因为创始人名叫耐斯特尔，这个名字的英文含义是鸟巢（Nestle），所以他用鸟巢图案作商标，把公司起名叫雀巢奶粉。后来耐斯特尔经营上不顺利，就把公司卖给另外一个叫蒙耐瑞特的商人[1]。在蒙耐瑞特手里，雀巢就朝着巨头的方向一路奔过去，再也没回过头。

蒙耐瑞特扩张生意时最主要的手段就是并购。他很精明，谁有助于扩大雀巢奶粉的行业优势，他就并购谁。这种策略在雀巢的扩张中一直被保留下来。雀巢并购的第一步就是做大奶粉产业。蒙耐瑞特在19世纪末期收购了一批牛奶公司，巩固自己在奶粉和炼乳产业上的地位。坐稳了位子之后，第二步就是朝着相关产业发展。从奶制品产业逐渐延伸到牛奶巧克力行业，为此雀巢收购了瑞士著名的科勒巧克力，成功地在巧克力市场上站稳了脚跟。

但雀巢并没有就此停下，它在成为行业领头羊的时候，时刻关注寻找新利润点。当时鲜奶开始挤占奶粉、炼乳空间，雀巢就开始发展新业务。20世纪30年代，雀巢研制的速溶咖啡就成了雀巢日后非常赚钱的一个业务。借着速溶咖啡，又进一步扩张到速食行业，通过并购进入速食面领域。

一手发展新业务，一手渗透进相关行业，雀巢的整个并购过程就是逐步扩

[1] 袁婕：《雀巢的百年渐进》，《现代商业》，2012年第19期。

大自己的优势。因为巧克力、牛奶和冰激凌有一定相关性，它也一点点把势力渗透到冰激凌市场，为此收购了澳大利亚和加拿大几家大的冰激凌制造商。又因为水在生产食品中有着关键作用，它接着继续收购了几家水务公司，顺手把矿泉水业务也发展起来了。之后，雀巢攻城略地，产品线逐渐伸到了饮料、调料、宠物食品甚至药品这些领域。

现在看来雀巢业务涉及乳制品、谷物加工、饮料、巧克力、速食食品、矿泉水、宠物食品这些五花八门的产品，但是这些并购项目都有一个目的，就是帮助雀巢覆盖整个产业链。虽然并购项目之间相互独立，但联合起来却是优势互补。

当然，雀巢对并购来的企业态度也非常审慎，一旦不盈利它立即就转手。这也是它为什么很少被并购整合拖累的一个原因。

三十三、遁卦

新桥借并购退出：功成名就之后记得身退

卦意小解

恒维持到一定程度也会变，变的时候就要关注遁卦讲的退避问题。咸、恒、遁合起来看，它们三者之间就是由共鸣产生一段关系，合得来就是恒，合不来就是遁。遁在说，不能合作时就要抽身而退。

退讲究一个时机问题。不能早，早了损人品；不能晚，晚了退不了。要恰到好处，这个火候很考验人。心有退意，就要早作准备，时刻关注环境发展的态势，避开锋芒，有礼有节有据地退出，给自己留足回旋余地。

案例

遁卦的一个核心精要是说退的时候要踩准点、见好就收。现在很多PE（私募股权投资）都面临着退出时机怎么选的难题，这方面可以参考下遁卦的相关论述。PE早些年倾向于走IPO退出的路子，但IPO竞争激烈，这个独木桥上站不了那么多人，并购退出就成了另外一条道路。并购退出这方面，新桥就比较有心得。它当时以战略投资者的身份入主深发展，后来则通过平安并购深发展的时机顺利地退了出来，赚得盆满钵满。

深发展是我国第一家上市的商业银行，初期业务扩张非常快。但到2000年左右，深发展就有些“发展不深”了，出现了诸如经营效率低、不良贷款率过高等问题。彼时深发展的大股东是深圳市政府，这里面也还存在一个国有资本退出的问题。所以深发展当时就有了引进战略投资者的想法，后来引进来的战略投资者就是新桥。

新桥能入深发展的法眼，一个很重要的原因是新桥这方面经验足。新桥投资有个特点就是它专做亚洲地区业务。新桥曾参与过韩国第一银行的改造，这个改造很成功，对韩国第一银行有很大帮助[1]。加之新桥一般入主企业时持股比例不高，深发展也不用担心控制权旁落。双方虽然在谈判过程中有很多摩擦，但最终在2004年签订股份转让协议，新桥用12.34亿元受让了深发展17.89%的股权，锁定期是5年。新桥一进来，就着手解决深发展的不良贷款问题，其后深发展状况也开始好转，不仅成功地拓宽了零售业务，存款比例也出现稳定增长。

五年时间一晃就过，新桥在完成历史使命之后面对的一个问题就是退出。这时候新桥就借着平安并购深发展的契机，完美地退了出来。平安之前一直以保险业见长，银行业方面表现一般，在混业经营的思路下，平安就想通过并购深发展来弥补银行板块的不足。平安自己的保险业能带来现金流，这跟银行业的利润刚好互补，并购了深发展，平安就能完美黏合起一整个金融板块。新桥刚巧也处在一个特殊时间节点上，当时新桥母公司需要用钱，所以

[1]“新桥式银行并购”，http://www.xcf.cn/newfortune/caiji/200804/t20080418_241698.htm。

新桥就把股权转给了平安。这对于深发展也是有利的，因为新桥归根到底是做风险投资的，深发展短期借下新桥的势可以，长久发展就不能太过依赖新桥，否则有风险过大的嫌疑。让平安接手深发展，对当时三方都有利，可谓皆大欢喜。

三十四、大壮卦

帝国烟草的并购弯路：碗里有饭就别往锅里看

卦意小解

恒、遁接下来就是大壮。大壮就是大强盛。能进退自若、收放自如，就一定很强盛。强大之后要注意什么？这是大壮关注的核心。

这个时候的一个关键是谨慎。鼎盛之后最害怕的事，就是不谨慎。《易经》一直提醒我们环境是不断变化的，要看得到变化。你强壮了、上了一个台阶，竞争者的段位跟着也就高了，想抱你大腿、占你便宜的就更多了，这时稍微放松一下或者自大一下，原来的成功经验可能就完全派不上用场。

案例

大壮说要保有大壮这种势，就要战战兢兢、如履薄冰。对所有做大或者正在做大的企业而言，这条意见很中肯，因为爬到山顶可能得花几十年，但摔下去就一会儿工夫。全球四大烟草巨头之一的帝国烟草公司，就曾经在做大之后昏过头。它有一段时间四面出击、什么行业都想染指，好在它醒悟得早，及时收缩战线，回归到烟草主业务上来，这才有了现在四分天下的霸主地位[1]。

帝国烟草公司早期并不是一个独立的个体企业，而是由英国多家烟草公司组成的松散联盟。20世纪初，美国烟草公司在英国本土大量买进烟草企业，英国威尔士家族和普利耶家族这些经营烟草的家族企业就觉得要联合起来，保卫自己在本国烟草行业的利益，于是就有了后来的帝国烟草公司。联合的力量是显而易见的，帝国烟草公司很快就击退了美国烟草公司在英国市场上的进攻。其后，帝国烟草公司步入了飞速发展期，并成为一个名副其实的巨型企业，不到十年，业务便渗透到非洲和北美地区。

取得成功之后，帝国烟草公司在20世纪60年代就走上多元化发展道路，真是看什么赚钱就上什么项目。这个想法有点可怕，因为别人能赚钱的东西，放在自己手里就不一定能赚钱了。但帝国烟草公司哪管这么多，它觉得只要扩张就行，反正手上有的是钱。它发现食品业赚钱，就买下爱丁堡的温登薯片公司，如果把烟草视为一种类似的食品，这个并购项目其实勉强还能理解；后来它又买了做瓶子和纸杯的曼登包装，这个并购项目也还可以理解，毕竟烟草也是要包装的；但再往后，帝国烟草公司的项目就有点跟主业不搭边了，它在70年代开始买啤酒厂、涂料厂、注塑厂，还买了豪生酒店打算要经营连锁酒店。这中间有一二十年，帝国烟草公司就像个杂货铺老板，买了一堆乱七八糟的产业。当然，有赔有赚，要说这些还真是小钱，完全比不上自己做烟草的利润，因为很多产业它自己很外行。但它就整天纠结着赚这些小钱，结果精力一分散，竞争对手就有机可乘，它自己在烟草业的地位受到了接二连三的挑战，到1981年市场份额就下跌得非常厉害，品牌数量急剧减少。那一年，它关闭了四家卷烟厂，

[1] 本案例相关数据资料均来自帝国烟草集团的官方网站：http://www.imperial-tobacco.com/。

其中还有一家极其优秀的雪茄厂。到 1985 年就被汉森信托托管了。

汉森接手帝国烟草公司之后，做了件很明智的事，就是把帝国烟草的非核心业务给剥离出来。等 1996 年帝国烟草再一次脱离汉森集团的时候，它就成了一个彻头彻尾专注烟草的企业。有了上一次的教训，帝国烟草学乖了，开始走深耕细作的路子，整个 90 年代它并购了欧洲几大卷烟厂，在欧洲站稳了脚跟，并且把业务拓展到东南亚、非洲和北美。这也才有了帝国烟草现在的面貌。

三十五、晋卦

海尔多元化：有实力才能往上升

卦意小解

晋在大壮后面。大壮是事物发展强盛的状态，一直保持这种强盛就能迎来发展的新局面，这时候往往就会更进一层楼，所以大壮接下来就是晋。晋有晋级、晋升的意思，晋卦主要说往上升的时候要注意什么问题。

晋卦说晋升的根本是真才实学，有了这个根基，升上去才能坐得稳位子。没实力，即使升上去，最终还是要被拉下来。有了根基，接下来一个关键就是心态。在追求晋升的过程中人容易患得患失，这时候要摆正心态，把本职工作做好。如果该升却没升，千万不要甩脸色、耍脾气，反而更要尽职尽责，耐心等待，机会到来就只是时间问题。

案例

对很多企业而言，发展到一定程度就要进行横向或纵向扩张，这就会遇到晋卦所谓往上“晋升”的状况。这时候就要注意，晋卦强调往上升的时候，一定要有真才实学做支撑，这样晋升之路才能走得稳。晋卦所说的真才实学，用到并购上就是说在要扩张的领域里,有没有足以支撑你做大的资源优势。如果有，你的扩张就很顺利；如果没有，就要小心了，这时候你失败的概率就很大。我们从海尔集团的多元化之路能看出，它在相关领域的扩张基本都是成功的，但是在与主业不相关的领域大多都失败了，这个成败的决定因素是海尔原有的优势是否能在新领域得到移植。

海尔前身是青岛电冰箱总厂，之前经营不善、濒临倒闭。1984 年引进德国海尔的设备和技术，狠抓质量，就做得很成功，到了 1991 年海尔的年销售收入就有 7 个多亿。

在冰箱这个子行业取得巨大成功之后，海尔开始在相关领域进行扩张。它通过吃“休克鱼”的方式从冰箱扩张到整个家电领域。按照张瑞敏的说法，“休克鱼”就是那些硬件很好却因为管理不善导致暂时“休克”的企业。

因为海尔冰箱在制冷技术上有优势，多元化的第一步海尔就着力发展制冷家电，先是在 1992 年合并了青岛电冰柜总厂、青岛空调器厂，组建海尔集团，在后续三年逐步占领了电冰柜、空调的市场。多元化的第二步便是迈向洗衣机、小家电行业，海尔先后收购了青岛红星，后来又组建莱阳海尔电气有限公司，至此海尔的产品线在白色家电全线铺开。第三步便是逐步扩张到彩电等黑色家电领域。1997 年，海尔和杭州西湖电子集团合资组建杭州海尔电器，主要生产销售彩电、VCD 等黑色家电。至此，海尔集团的产品线贯通了家电行业的各个领域[1]。

[1] 陈之昶:《基于核心能力成熟度的企业多元化战略选择——兼论海尔的多元化经营成败因素》,《重庆工商大学学报（西部论坛）》, 2005 年第 10 期。

海尔在家电行业的多元化发展是很成功的。它先选择高相关性行业，再逐渐扩张到低相关性行业，资源与优势的转移度都很强。1992年进入的空调、电冰柜与海尔主业电冰箱相关性就非常高；1995年进入的洗衣机行业跟电冰箱又是相关的；1997年进入的黑色家电和家电行业都还是有一定程度的相关性，这也使得电冰箱、空调、电视机成为拉动海尔集团飞速发展的三驾马车。

但后来海尔的非相关产业多元化就没有预想中那么好，反倒是走一步退两步。1995年海尔进入医药领域，之后逐步扩张到保健品、餐饮、电脑、手机、物流等多领域，失败的概率很快就上来了。

海尔在保健品行业的“采力”反响一般；在餐饮行业也是经营不善；海尔手机、计算机也基本处于常年亏损的状况；投资的长江证券、控股的青岛商业银行、与纽约人寿保险共同设立的合资公司盈利能力也都不尽如人意[1]。

海尔在非相关多元化上遭遇失败有很多原因，其中有两个值得拿来探讨。第一就是资源转移度差。海尔在家电子行业多元化扩张时，它本身的资源转移能力很强，但跳脱了家电行业之后，海尔原来积累的资源和优势很难再派上用场。第二是，海尔品牌形象反而被稀释了。海尔在手机、电脑、房地产这类行业中继续沿用“海尔”商标，本意是想延续海尔品牌的优势，但新的产品如果做不好反而会给原来的品牌带来负面效应。饭馆、手机、电脑都用海尔的牌子，反而会让消费者对海尔品牌整体形象产生怀疑。所以海尔在非相关产业的多元化之路上就走得磕磕绊绊。

[1] 蒋颖:《多元化战略是馅饼 还是陷阱——论海尔的非相关多元化战略》,《商场现代化》, 2008年第12期, 第38页。

三十六、明夷卦

王安电脑盛极而衰：越是富豪越要能认得清形势

卦意小解

晋之后是明夷，强盛不可能千秋万代一直不变，最后还是会走向衰败。明夷卦是日落之象，说的正是由盛转衰的情况。明夷卦主要是说处于这种晦暗的时候要怎么做事情。

大环境是明夷的时候，就要韬光养晦，这时候做事要“外晦内正”。身处明夷之中，避险是上上策，如果实在躲不过就先把自己藏起来。一边练好内功适应环境，一边联合外力保全自己，一定要等到环境转好的时候再出来。

案例

明夷卦的一个主旨是说大环境不好时，做事就要外晦内正，外晦内正就是要看得清大势，不要逆势而行。必要的时候，隐藏自己的棱角，适应环境。因为在明夷的状态下，你被坏的环境限制，做事就要格外谨慎小心，这时候任何一个错误都足以致命。在美国IT行业昙花一现的王安电脑公司，就是在明夷的态势下不够“外晦内正”，最后虽然通过并购实现转型，却再不能重现往日的辉煌。

当现在的小年轻们对比尔·盖茨和乔布斯顶礼膜拜的时候，他们已经很少有人会知道在美国有一个华裔人士，他曾站在比盖茨和乔布斯还要高的地方，他创办过可以跟IBM比肩的电脑公司，他叫王安。

王安祖籍江苏，1948年在哈佛大学念完物理学博士之后，进入哈佛计算机专家艾肯的实验室。他不久就发明了一种能提高电脑存储量的磁芯，而他后来投身工业界的第一桶金就来自这个磁芯的专利。当时他把专利以50万美元的价格卖给IBM，拿着这笔钱开了一家公司，这就是后来让盖茨心有余悸的王安电脑公司。

很快，王安电脑公司就成长起来了。最初他卖自己的磁芯维持公司运转，做大了之后就转向中型计算机产品。王安自己技术很好，银行也看中王安电脑公司的发展前途，一直以短期贷款的方式给王安融资。在技术和资本的双重推动下，王安就迅速在业界冒出头来了。20世纪80年代中期，王安本人已是美国赫赫有名的大富豪。

到了80年代后期，形势开始变得对王安不利。这种不利因素表现在两方面：一个是潮流风向变了。当时个人电脑消费市场开始起来，盖茨和乔布斯都是在那个时候嗅到机会最后成为一方诸侯的。王安的儿子王列也曾建议要发展个人电脑，王安当时拒绝了，觉得这个没有什么技术含量。还有一个因素是，王安自己没有意识到结盟的重要性。周围的电脑公司，不仅软件和硬件企业结盟，就连竞争对手公司之间都开始关注兼容性问题。但不知道什么原因，王安没有把这一层关系打开，他的机器兼容性就差，尤其是不跟IBM的产品兼容，这样王安就损失了很大一批市场。

大环境不好，王安这两处失误就很要命。王列接了王安的班之后，管理上也没有能够发挥很好作用，镇不住那些老臣子，经营上就很动荡，1985 年王安电脑就开始亏损了。到了 1989 年美国 IT 低潮期，王安电脑就有些扛不住的感觉了，经营变得混乱。当时王安在病中把王列换掉，请了名声很响的整合专家米勒来经营。但颓势已成，米勒也无力回天。1990 年，王安去世的时候，王安电脑公司只得申请破产保护。

之后乔·徒西接任 CEO，开始了大刀阔斧的改革，徒西觉得王安电脑既然已经丢了这么多东西，与其守着不赚钱的家业不如转而去做服务。所以他选择出售不合适的业务，并购能发挥优势的产业。徒西的一个大手笔就是王安电脑的软件业务卖给柯达，然后并购了一批企业，并把王安电脑公司改名为王安全球，转而发展通信服务。王安电脑公司才稍稍喘口气来，但是好时机已过，王安电脑也很难再回到第一梯队中去，也就只能徘徊在 IT 服务上，赚点边角钱。1999 年，王安公司最后被一家 IT 服务企业整体收购，这个结局真是让人唏嘘。

三十七、家人卦

中联重科并购整合路：家和万事兴

卦意小解

家是避风港，遇到明夷的困难就可以回到家里，寻求慰藉以求重新振奋，所以明夷之后是家人。家人卦主要就是讲怎么治家。

治家以修身为本，修身的根本在于严于律己。通过自己的行为来影响家人，这样一家人才能够和睦融洽。家教好，人际关系就容易和谐，进而有利于沟通交流乃至经营事业，所以古人在治天下之前都要先说修身、治家。

案例

家人卦讲治家，治家的一个核心是家和万事兴。治理企业同样也要关注“和”，对于那些借助并购发展壮大的企业而言，大家庭内部和气，生意才能兴隆。中联重科在并购中就很注意这一点，这也是它得以依托资本市场实现飞速发展的一个关键。

中联重科成立于1992年，是从长沙建设机械研究院脱胎出来的，现在已是国内工程装备制造的龙头企业。中联重科1999年上市之时就跟资本结下了不解之缘，之后几乎每一步战略上的飞跃，中联重科都是采取并购的形式完成的。从2001年开始，中联重科连续通过并购英国保路捷、湖南机床、浦沅集团等企业，逐步打通了装备制造的产业链。后来又走出国门，并购了意大利的塞法（CIFA），进一步扩充了自己的实力。

中联重科的并购方式，按照掌门人詹纯新的说法，就是既做好扩大企业规模这样的“加法”，又要做好管理融合这样的“乘法”[1]。詹纯新很关注管理融合，所以中联重科在并购整合中非常注意维护“家和万事兴”的氛围。

在2003年并购浦沅集团的起重机械时，中联重科不仅保留了浦沅的名称、品牌、管理团队以及原有的治理模式，而且还建立了有效的沟通机制，这样上下就一团和气，有什么说什么，很少出现矛盾压在那边不解决的情况。中联重科对浦沅的整合过程就比较顺利，通过这起并购，中联重科不仅丰富了产品线，还进一步扩张了在产品链上的布局[2]。后来，中联在国内的几次并购，都传承了这种良好作风。

在国内并购中攒够了经验之后，中联重科的眼光也变得更加长远，要上台阶就得走出去，中联重科通过并购意大利塞法走上了海外扩张的道路。从战略的角度上看，这起并购中联重科还是做得很成功的。虽然中联重科当时已经算是国内龙头，但是依然有些零部件很依赖外部采购。当时全球第二大混凝土机械制造商塞法控制权发生变动的时候，中联重科就顶风而上，联合几家PE把塞

[1]“詹纯新：缔造增长的品质”，http://www.hn.xinhuanet.com/2012-12/27/c_114178841.htm。

[2]“中联记事：中联重科重组并购浦沅工程机械”，资料来源：慧聪工程机械网（2012.09.27）http://www.cm.hc360.com。

法买了回来。

在整合塞法过程中，中联重科依旧很看重一个“和”字。并购之后，詹纯新没有很快换掉塞法的管理层，而是让原塞法董事长法拉利继续留任，管理上也基本交给原塞法团队。这不仅稳定了意方员工的情绪，也给中方留出足够的时间熟悉管理。法拉利在卸任之后甚至成为詹纯新的一个出谋划策的谋士，这也是“和”的功劳。

中联重科在通过并购实现战略布局的时候，并没有像一些企业那样只盯着短期盈利，它更关注家和万事兴，也正是坚持“和”的原则，它才能很好地发挥并购带来的优势。

三十八、睽卦

TCL 整合阿尔卡特不力：新官上任，火不要乱烧

卦意小解

家人后是睽（kuí），睽是两对眼睛互相瞪着对方的样子，很形象地表现面和心不和的场面。家人也有反目的时候，睽说的是在离心离德的状况下该怎么做事的问题。

这时候做事的一个原则是“小事吉利”。在离心离德时不要兴师动众，做小的事情比较容易成功。也就是说在内部出现分歧、人心不稳时，要用柔顺的处事方式，从小处着眼，这样容易成功。

案例

在并购过程中，我们经常遇到不同企业差异太大的情况，在这种情形下如何整合，就是个很棘手的问题。一般的做法是大规模改组，但这种方式不见得好，

有时候从细节切入，用杀鸡儆猴、首犯必除的手法往往是更好的选择。TCL 集团在整合阿尔卡特过程中不尽如意的一个原因是动的幅度太大，反而没效果。

TCL 集团成立于 1981 年，一开始主要做家电，王牌产品是电视机，后来开始涉足手机行业。TCL 在做出成绩之后也面临着再上一层楼的问题。当时 TCL 就选了并购这个快捷的路子。2004 年初，TCL 并购了汤姆逊彩电业务，没多久又盯上了阿尔卡特的手机业务。阿尔卡特是一家法国企业，很早就进入中国市场了。它的手机原来也还不错，但 2000 年左右因为一款机子的设计和质量出了问题，销售下滑得非常厉害，没多久就亏损了。阿尔卡特总部当时就想把这一块业务甩出去。这个消息传出来之后，有几家企业去竞争，最后 TCL 把阿尔卡特的手机业务抢到手，跟阿尔卡特合资成立了公司，自己占股 55% [1]。

能抢来只说明了 TCL 能力的一小部分，很快 TCL 就陷入了整合僵局。一个最主要的原因是 TCL 的整合模式在新公司完全行不通。TCL 刚上马就大刀阔斧进行了一系列改革，把自己的经营风格一股脑套到阿尔卡特头上，但是阿尔卡特的研发和销售人员最后都受不了辞职了，留下一个空壳子。其实对于 TCL 来说应该先从小处着手，慢慢求大，一上来就想吃成个胖子谁都受不了。

TCL 的经营风格为什么不适合阿尔卡特？TCL 经营上有个特点就是能占山者可称王。当然，这跟它的成长经历紧密相关。TCL 最初是惠州市政府批准的国有资产授权经营试点，政府放权给李东生提高参与度，但这个激励机制演变到后来也存在一些问题。有人就写文章指出来，TCL 里面山头林立、诸侯割据，各自管各自的区域。整个高管团队奉行“枪杆子里面出政权”和“分级抬轿子”的管理方式，江湖气四溢、派系林立、小团体盛行 [2]。但阿尔卡特却不是这样，它是标准的法国企业，对于公私权限分得很清楚，也不怎么搞小团体协同作战，

[1] 李娜:《TCL 与阿尔卡特联姻》,《IT 经理世界》，2004 年第 9 期，第 16 页。
[2] 李卫宁、陈科:《TCL“诸侯文化”对并购后整合的影响》,《商业研究》，2011 年第 2 期。

所以阿尔卡特对TCL这种占山为王的风格就很受不了。

除了风格不同之外，合资公司的架构也是引发矛盾的一个原因。合资公司的人事结构是TCL任命CEO，CEO下面的总监从阿尔卡特那里过来，但CEO跟总监之间却呈现出双头管理的特色。这种叠床架屋的结果就是上下沟通矛盾重重，经常出现越级打报告的情况，最终拖累了企业的正常运营。

另外，薪酬上的不公平也是整合失败的一个因素。TCL销售走的是中国传统的人海战术，用大量的销售人员直接做终端，底薪低提成高；阿尔卡特的销售主要以控制经销商渠道为主，起薪是比较高，但提成少。刚合作的时候，用的是TCL的薪酬架构，阿尔卡特的销售就受不了闹辞职，合资公司迫于压力就提高法方员工待遇，但这样一来中方员工又有想法，最后是两边都不讨好，两边都有大批销售离职。销售一辞职就波及研发的员工。因为企业绩效下降，TCL就得降薪裁员，这时候又变相地把研发人员也挤压走了。最后TCL留在手上的就只剩下一个烂摊子了。

三十九、蹇卦

五矿并购 OZ：退一步海阔天空

卦意小解

蹇（jiǎn）在睽之后，离心离德了就会有艰险，蹇就是困难、艰险。蹇卦主要说的是在危险的状况下要怎么行事的问题。

对待危险，蹇卦的措施就是避开它。知道有危险就停止下来，这才是明智的。我们为了完成目标而克服困难，这种精神是值得提倡的，但是有些困难更多是一种险境，这时候就不要拿鸡蛋碰石头，而是避开它，选择更安全的方式。

案例

蹇卦要我们学会退避。对于企业而言，如果自身实力不太够，对手又太强，这时候如果跟对方厮杀只会带来自身的失败，倒不如暂时退一步。退了之后，视野反而更宽。五矿并购澳大利亚OZ矿业时就善于利用退来为自己争取最大利益[1]。

中国五矿集团公司成立于1950年，主要跟矿产打交道。我国矿产企业普遍是冶炼能力强、销售好，但原材料资源无法完全自给。20世纪90年代政府大力支持五矿这样的企业发展国际化道路，实现矿产资源的自给。五矿在走出去的过程中也是采取并购手段来实现扩张和业务转型的。对澳大利亚OZ矿业的收购是五矿集团众多海外矿产资源并购案中比较典型的一个例子。

OZ矿业是澳大利亚第三大矿业公司，由两家矿产企业合并而成，它手里有大量的锌、铅、铜等矿产资源。但因近年来大宗商品市场低迷以及澳元贬值，OZ矿业一直深陷亏损的泥沼中。五矿充足的资金能够解决OZ的亏损问题，而收购OZ又能给五矿带来大量的矿产资源，这个收购就比较符合双方各自的利益需求。

双方也比较谈得来。2009年2月16日，五矿提出以每股0.825澳元的价格收购OZ矿业，并承担OZ的相关债务，交易总金额为26亿澳元，OZ方也依照协议进行资产减持。本来一帆风顺，但3月份澳大利亚财政部长维恩·斯万突然跳出来否决了这项交易。他给出的理由是OZ旗下有一处铜金矿靠近澳大利亚军事禁区，五矿并购了OZ会威胁到澳大利亚的国防安全[2]。他要求五矿重新修改收购方案，这时五矿反应很灵敏，及时提交了剥离敏感资产的新并购方案，放弃了这块靠近军事禁区却是OZ矿业最优质资产的铜金矿。

当时市场上有一种分析认为，五矿这样做并不划算，因为澳大利亚方明显是在有意刁难，而且OZ最优质的资产最终没有被五矿拿到手。但要看到，五矿

[1] 本案例相关数据资料参考自新浪财经对于五矿并购OZ的系列报道：http://finance.sina.com.cn/focus/wksgbf/。

[2] “涉及澳洲国防安危，五矿并购OZ矿业受阻”：http://www.eeo.com.cn/2009/0327/133617.shtml。

在这里退了一步也不吃亏，一来大幅降低了收购额度，由原来的26亿澳元降低到17亿澳元，在修改后的方案中，五矿拿到了三处锌矿、一处镍矿的控制权，以及OZ在老挝的铜金矿；二来不再承担OZ矿业的整体债务。还有一点关键在于，五矿从此将澳大利亚的原材料市场打开了个大豁口，只要五矿借此机会能够扎下根，理顺当地各种关系，再多的优质资产也能徐徐图之。

五矿在看似关键的点上往后退了一步，但却拿到了丰富的锌矿和有色金属矿产资源，还因为这一示弱姿态堵住了澳大利亚国民的嘴，降低了舆论对交易的负面影响。可以预见，当五矿在澳大利亚深耕细作日久之后，熟悉了当地的社会习惯与交易规则，再行并购之事一定会更加圆满。

四十、解卦

丽珠集团股权之争：解铃有帮手，不求系铃人

卦意小解

解是解除，在蹇卦后，就是对困难的解除，解卦象征着纾解困难。

怎么解除困难？整个解卦的原则就一句话，“无事静，有事动”。“无事静”是说形势不明朗的时候，你要观望，一边听风声，一边除内患。“有事动”则是在困难的苗头露出来的时候，就及早行动，不要拖延。在解决困难的时候要注意团结合作，尽可能多地争取“君子”做盟友，以对抗“小人”。

案例

解卦关注解决困难的问题。遇到困难、解决困难是并购中的家常便饭，很多时候我们倾向于自己解决问题，但是解卦说你有个帮手还是好的。借助外部

力量渡过难关也是生存的技巧之一。比如遇到恶意收购的时候，就不要一个人死撑，给自己找个帮手，跟他联合起来解决问题，说不定还能因此多交个朋友。这方面的例子，可以参考丽珠集团的股权之争。

丽珠集团的股权争夺发生在2002年前后。当时丽珠集团的第一大股东光大集团要把手上的股权转出去，就吸引了东盛、哈药等几家企业来竞购。但因为丽珠的管理层一直很想把企业的控制权收到自己手中，于是就想通过丽珠集团员工组成的桂花职工互助会来拿到光大手里的股权。桂花职工互助会在第一次MBO没成功之后，就设立了丽士投资并把它推到第二大股东的位子上，但因为面对东盛这样的强敌，丽士的实力还是稍逊一筹，后来丽珠管理层就找来太太药业当帮手。丽珠的管理层转了一部分法人股给太太药业，第二大股东丽士把它手上的股份也转给太太药业，太太药业拿着这些股份还有自己在二级市场上收购的流通股，最后就正式成为丽珠集团的第一大股东[1]。

说起来，为什么MBO失败之后，丽珠集团要那么费心找来太太药业做帮手呢？这其中一个原因在于，东盛入不了丽珠管理层的法眼。想要光大手里股权的，当时有好多家，谈来谈去最后就剩下哈药集团和东盛科技。因为东盛出价高，光大就决定选东盛。但丽珠的管理层就不干了，丽珠觉得东盛除了钱以外对自己发展一点帮助都没有。所以丽珠就跟光大对着干起来了，但是丽珠手上的牌不够多，这时候他们就请了太太药业做外援。

丽珠选择太太药业也是有一定道理的。两家企业在经营风格上相似，优势上也互补。太太药业是凭着一瓶口服液打开的局面，但是在制药上面是短板，

[1] 详细经过参见："丽珠股权之争上演生死决战"，http://news.xinhuanet.com/fortune/2002-04/08/content_349013.htm。

丽珠的强项刚好是制药，可以极大地弥补太太药业的这个缺陷。太太药业在销售上一向是一流的，客户资源也很多，这又弥补了丽珠的弱项。丽珠集团一向太太药业抛出“绣球”，太太药业立刻积极响应，最终接棒成为丽珠集团的第一大股东。

四十一、损卦

赛博高价收购苏泊尔：不要以为高位接盘就是傻

卦意小解

解决问题一定会有损失，损卦着重说怎么面对损失这个问题。损失已经发生了，就要保持“去者不追”的宽宏，还斤斤计较的话，不仅于事无补还会惹人厌烦，反而扩大损失的范围。

损卦还强调一点，当损则损。有些损失是一定要发生的，这时候就不要小气，要通过这些损失追求更多的益处。在并购中，企业怀着谨慎的心态做事，即便有一些损失，最终的结果仍将获得大利益。

案例

损卦告诉我们，对待有些损失你要大方点，这些损失看似是损失，其实它是有意义的。比如有的企业做并购溢价比较高，如果我们轻易判定它人傻钱多很可能是我们眼光不够长远，对它来说高溢价上的损失跟错过战略机遇的损失比起来，可能就不是损失，甚至是必要的开路钱。赛博高价并购苏泊尔就是如此，价钱上的这点损失是它为自己的战略布局作的让步。

赛博是法国的企业，在高端小家电领域名气很大，第一个高压锅就是它发明的[1]，它在厨具、电熨斗这些领域有很多叫得响的牌子。在法国本土站稳之后，赛博就一直在全球小家电市场上攻城略地，而它在布局全球、打开欧美市场的时候，主要也是依靠并购。赛博的欧美市场近些年出现了日益萎缩的态势。一个是欧美人力成本高，赛博在生产上承担的成本也就越来越重；还有一个就是欧美市场基本上也呈现出饱和的状态。所以这个时候赛博的战略重心就自然发生转移，在欧美市场萎缩的同时，赛博发现亚洲市场，尤其是以中国为中心的东亚市场却生机勃勃，中国表现出来的巨大购买力使得赛博觉得有必要转向东亚深耕细作。

当然，赛博早在1995年就进入了中国。当时它看重的是中国较低的人力成本，并不怎么看重中国市场，主要还是把中国当作生产基地。等到欧美市场开始疲软，中国经过几十年发展爆发出来强大的消费力，赛博的战略中心就开始向以中国为中心的东亚转移了。

并购苏泊尔便是赛博从欧美转向中国的重要一步。赛博自己攻占中国市场，不是很容易。一个主要原因是赛博产品主攻高端市场，中国小家电虽然有走向高端的趋势，但目前中低端才是赚钱的主流，赛博要度过这段转型期一个人强撑是很难的。另一个，赛博1995年就已经进入中国，但它却一直保持在中国生产、出口海外的发展模式，可见它很有可能是根本就没做起来中国市场。这些因素都促使赛博在进入中国市场的时候更倾向于借力，挑一个优势互补的企业

[1] 于晓乔、王峰娟：《外资溢价并购动因案例分析——以法国赛博集团并购苏泊尔为例》，《商业会计》，2012年第14期。

把它并购过来就在情理之中了。2006年赛博向苏泊尔发出要约，经过一番波折，2008年赛博就高价入主苏泊尔[1]。

当然，赛博之所以开高价，也是因为苏泊尔值得这样做。首先，苏泊尔是中国炊具市场上的大佬。苏泊尔从1994年开始做炊具，2004年在中小板上市，提起压力锅没人不知道苏泊尔。其次，苏泊尔有赛博非常想要的东西。苏泊尔人力成本低，销售路子广，也很明白在中国市场怎么做容易出头，这都是赛博没有的。最后，苏泊尔的产品主打中低端，这也是纯做高端的赛博所急需的资源。所以，即便收购过程屡屡受挫，而且价格还高，但这对于赛博而言都是值得的。

[1]“SEB提高溢价再收购苏泊尔20%股权内幕”，http://info.homea.hc360.com/2011/02/241148650978.shtml。

四十二、益卦

可口可乐并购汇源被否：赚钱的时候多给别人留条活路

卦意小解

我们常说损益损益，是说“损”到了一定程度就转变为“益”。《易经》中益在损后，是在说“先损后益”这个浅显的道理。益卦也就是主要围绕着如何求益保益这一主题来展开讨论的。益卦有一点说到争益、守益的时候要学会分益，这是我们以前讲益卦的时候很少谈到的。

分益就是利益均沾，这对于保持合作伙伴关系稳定以及防范潜在风险很有益处。当然在分益的时候，一定注意要有真诚的态度，人同此心、心同此理，很多时候我们在分益的时候如果以施舍人身份自居，容易让别人不舒服，这样反而达不到分益所追求的效果。

案例

怎样保有自己的好处？一个秘诀就是要善于给别人好处。很多并购最终没能成功的主要原因就是影响到了别人的收益。可口可乐并购汇源为什么会失败？这就是因为这项并购威胁到了其他人的生存。

可口可乐是全球最大的饮料公司。它的主打产品就是可口可乐这种碳酸和糖的混合物，可口可乐是凭借宣传起家的典范，在“二战”时期因为宣传做得极好，美军到哪里，可口可乐就在哪里建分销渠道，所以“二战”一结束，可口可乐一下子就发展起来了。

1927年可口可乐登陆中国，在上海和天津建立两个浓缩液生产基地。可口可乐一直把中国市场视为一个重要的战略重心，中国市场的业务对可口可乐的利润贡献也很大。但它有一个问题就是主攻碳酸饮料，这几年出于健康的考虑，市场对碳酸饮料的兴趣是慢慢往下降的。而瓶装水、运动饮料和果汁这些发展很快的市场上位子也被人抢光了。可口可乐盘子虽大，但这个联合舰队要在细分战场占据压倒性优势也不是那么容易的，比如娃哈哈的瓶装水比它强，汇源的果汁比它做得好，茶饮料方面它又比不过康师傅和统一。对可口可乐而言，要迅速扩大在这几个细分市场的份额最快的方法那就是买下它们几家的其中一个。可口可乐当时的一个大动作就是打算买下汇源。

被可口可乐并购，汇源有好处没？答案是确定的[1]。首先，汇源集团的前身是朱新礼在1992年创立的山东淄博汇源公司，一开始就主攻浓缩果汁的生产销售，产业化做得相当成功。汇源有个优势就是它对原料的控制，汇源不仅有自己的一系列配套生产链，它还控制着大量的水果生产基地和果园，这使得汇源

[1] 在可口可乐收购汇源一案中，对于汇源果汁集团董事长朱新礼是否被迫出售汇源果汁市场上有很多猜测。2008年9月6日，朱新礼回应收购一事时，就强调这是一次正常的商业行为。可见他对于可口可乐并购汇源持正面态度。这在朱新礼自己的公开访谈中都有提及。

在成本控制上就很占优势。其次，汇源毕竟在中国深耕细作了多年，各种渠道关系都比较稳固。但汇源也有非常明显的劣势，其中很重要的一个劣势就是资金链问题。汇源对下游强有力控制的优势给自己带来一个包袱，就是需要在原来基地维系、产业链条建设上耗费大量的资金，除此之外汇源的销售模式还是传统的承包销售方法，这种成本比较高的运作模式也会牵制汇源的资金链。

这造成的一个问题，就是只要金融市场流动性变弱一点，汇源的资金链就容易紧张，而我们国内资本市场还处于发展状态，经济稍微一变化，民营企业筹集资金就会难上加难。资金链紧张，反过来又影响汇源的进一步发展。无疑，搭上可口可乐这艘船能够解决资金紧张的潜在问题。

既然可口可乐和汇源双方存在利益互补，那么结果是什么呢？中国商务部2009年3月18日宣布，根据中国反垄断法认定这项并购会影响到我国境内市场竞争，所以这个并购案最终并未被通过。为什么？这个原因很简单：可口可乐和汇源这起并购案一旦成功必定会打破中国市场原来已有的那种微妙的势力均衡，这会让其他人没活路。

从可口可乐打算借汇源占领的那个市场看，这个市场可以算得上是一个完全竞争的市场，大家起跑线都差不多，产品线也没什么差异，渠道和市场推广模式都半斤八两，这就造成了迄今为止各企业的市场份额都不会出现一方独大的局面。这种力量相互制衡的一个结果就是市场淘汰赛成为以降低生产和运营成本为核心的力量角逐，这个时候谁最先在压缩成本上成功了，谁就是以后的领头羊，这种竞争会带来管理升级和产业升级，其实是良性的。

现在各路诸侯割据一方，维持平衡各练内功，结果可口可乐和汇源打算联手要一统天下，这个时候没人会放心。一旦可口可乐和汇源联手，市场规则肯定就会受影响。以中国市场历来的草莽传统，他们完全可以依据自己并购之后形成的超强实力抢先吹起恶性竞争号角，荡平四海之后，再杀个回马枪，把矛头对准消费者，也不是不可能。

在势力均衡的时候，能力超强者就是所有人的敌人。所以可口可乐并购汇源一案被依据反垄断相关法规否决一点都不冤。阻碍可口可乐前进的一个最主要原因是，它在追求自己利益的时候威胁到了除它之外所有参与者的根本利益，但它并没有妥善地处理好这个问题。要说它之所以失败，就是败给了自己给市场带来的这种潜在威胁。

四十三、夬卦

达能与娃哈哈的纷争：分手也要有讲究

卦意小解

益之后就是夬（guài），夬是决的右偏旁，有决断、决裂的寓意在里面。益太多容易满盈，满盈之后就是溃败之象，这会引起合作伙伴之间的决裂。夬卦是讲在利益分配上无法达成一致的时候，就要果断地做决定。

夬的卦辞说在决断的时候，要先在内部做好准备、统一思想；要繁复精细地谋划，不要一味地诉诸暴力。只有战略、策略上都做好准备之后，决断才能成功。必须要警惕谨慎、谋划周密、处事得当，才不会招致怨恨以及危害。

案例

以前有很多并购案，主导者认为只要符合战略预期就是可行的，这种思路还是有可改进地方的，因为战略预期和力量对比是会发生变化的，一旦原来的条件发生变化，合作很有可能就走向破裂。达能和娃哈哈的纠纷就是一个明显的例子，我们用夬卦的思维来分析这个案例，就会发现这场纠纷给双方都带来了不同程度的损伤，双方在策略上都有不可取的地方。

2007年6月7日，当时是娃哈哈创始人的宗庆后发了一封公开信辞去了娃哈哈和达能合资企业的董事长职务[1]。这封公开信曝光出来之后，达能跟娃哈哈之间的口水仗就正式打响了，双方就跟参加美国总统大选的竞争者一样互相爆出来对方各种料，舆论一时间也是各路人马齐集作壁上观。这个纠纷很出名，细节我们就不再赘述。

娃哈哈和达能为什么会闹起来？主要是因为双方在争一块产业。早些时候娃哈哈和达能合资成立了一批企业，但是宗庆后在这一批合资企业之外，自己还做起来了一批跟达能没关系的企业。后来达能找出了很久之前签的合同，指着其中一个条款对宗庆后说，按照这个条款你这一片自留地是我的，我现在多给你40亿元人民币算是辛苦钱。宗庆后是何等英雄人物，怎么可能吃这个哑巴亏，所以双方就闹起来了。

至于达能拿出来的那个合同条款，其实是有来历的。1996年，娃哈哈、法国达能、香港百富勤共同出资设立了五家合资公司，当时娃哈哈占了49%的股份，百富勤在金融危机之后把股权转让给达能，达能最后就有51%的股权。一开始时，达能就要娃哈哈转移商标权，后来国家商标局没批下来，双方签了一份商标使用权的合约，按照达能的解读，合约里规定宗庆后如果想用娃哈哈商标生产并且销售产品需要经过达能的同意，或者要跟达能合资。达能依据这个条款认为宗庆后在合资企业之外自己开小灶，拿娃哈哈商标做生意，完全是搭便车、占便宜的行为。站在宗庆后的角度看，达能这是瘦田无人耕、

[1]“宗庆后辞职发表言辞激烈公开信，达能声明同意”，http://money.163.com/07/0607/18/3GDGREKT00251LIE.html。

耕出来万人争，当时宗庆后设立的非合资公司还没做出来名堂的时候达能一声不吭，等到利润可观达能就拿着合同条款找上门来要摘桃子，这明显是提前设计好的局。

宗庆后的哑巴亏也就吃在这上面。达能举着合同抨击宗庆后没有契约精神。商道就是诡道，外人是很难分清楚一纸合同是契约还是借口。这个纠纷我们按照夬卦来看，就是说结盟双方利益难以平衡了，就会出现决裂，从这个角度讲达能那个合同是借口的可能性就很大。但夬卦说，决裂有决裂的艺术，在达能和娃哈哈这个纠纷中双方都有明显缺陷。

当时的合作，对于达能来说有资金；对于娃哈哈而言其实就是有国内市场资源。双方最初设立合资企业其实就是达能拿着资金换了一张船票，通过娃哈哈渗透中国、熟悉市场、建立各种关系；而娃哈哈则借着达能的资金做成一方诸侯。

娃哈哈做大了之后，达能就觉得要把控制权握在自己手里，但是这时候犯了一个错误就是太冒进。达能要收回控制权这个是符合达能利益的，但是步子迈得太大。因为一开始达能和娃哈哈成立合资企业的时候，控股权虽在达能手上，但宗庆后的话语权明显非常强，加之，那批非合资公司又是牢牢掌握在宗庆后手上。达能在对娃哈哈本身就没有多少控制力的情况下不尝试着徐徐图之，反而一下子就冒出来要拿走这些东西，娃哈哈不跳起来才怪。

宗庆后要保住非合资企业也是符合自身利益的，但因为他这里有一个明显的弱点，也就是那个合同条款，达能就抓着这一点大做文章。在这场决裂中，宗庆后也付出了很大的代价。娃哈哈跟达能正面交锋的结果是鹬蚌相争，渔翁得利。因为娃哈哈拖住了达能好几年的精力，才使其他竞争对手跟达能讨价还价时轻松很多，当然拖达能也就是拖自己，跟娃哈哈一条线竞争的其他各方一边声援宗庆后一边抢市场机会，倒是占了些时势的便宜。

夬卦强调决裂的时候要警惕谨慎、谋划周密、处事得当，达能跟娃哈哈在处理利益纠纷的时候都忽略了，结果自然是两败俱伤、不欢而散。这种决裂不仅会损害企业经营，还会影响其后的发展。夬卦的启示要求我们对待决裂时要思虑长远，尽量圆满处理。正所谓曾经的海枯石烂，抵不过当下的好聚好散。

四十四、姤卦

西北轴承被吞并：跟女强人结婚前一定要三思

卦意小解

姤（gòu）是相遇，表面上说的是不期而遇的姻缘，其实讲的还是结盟的问题。怎么结盟则是姤考虑的中心问题。

姤的一个核心是“壮女勿娶”，字面上的意思是说你消受不起的美人，就不要把她娶回家，否则就是自讨苦吃。这是个比喻，实则指你要联合、要争取的那个合作者一定要镇得住，要是他实力过强，这就要小心。因为可能他就不受你掌控，最后你容易被他反过来控制住。

案例

姤卦之所以认为“壮女”不应该娶回家的一个原因，是这个“壮女”你不好控制，你还要不听劝娶回家，那么最后只能自己头大。西北轴承就是这样，一开始跟外资合资想着能学到点技术，结果技术没拿到，自己还被吞并了[1]。

西北轴承之前是宁夏银川一家大型国有企业，主要的产品就是做铁路轴承，当时这一块市场上，西北轴承一家就占了半壁江山。对于西北轴承而言，市场份额虽然大，但是它跟中国大多数企业一样，技术上是短板。随着市场竞争日益激烈，西北轴承要再往前走，技术上就得有突破。西北轴承当时就决定找家技术好的企业合作，成立合资企业。FAG 是当时德国最大的轴承企业，进入中国的市场很早，但是市场一直没打开，也想找个国内领路人。两家一拍即合，就成立合资企业，对于西北轴承来说，它打算用“市场换技术”这个方法实现再上一个台阶的愿望。

我们国家开放市场之后，有段时间非常流行“市场换技术”，就是找一家国外技术好的企业去跟它合资，带着它进中国市场，通过这种方式来换它的技术。现在很多人批判这个方式，觉得“市场换技术”有点白日做梦，市场是重要但是可替代性强，技术就不一样了，技术是人家的根基，谁会跟你换？但是“市场换技术”这个路子，对当时的中国企业其实是比较现实的路子。国门已经打开，你领不领路别人迟早进来，到时候市场一样丢。与其什么好都拿不到，还不如大方点合作一下，你要跟人合作，就要做好被人利用的准备，中国企业手里只有市场，也就只能用市场去换别人的技术了。至于换不换得到，那就各安天命、看自己造化了。

我们现在回头看经验教训，很明显就能发现西北轴承在跟德资合资的时候太大意了。2001 年合资公司成立的时候，西北轴承占股 49%，德国 FAG 占股 51%。显然是 FAG 更有话语权，西北轴承的经营主导权就这么让人了。而且西

[1] 本案例相关数据参考自：李凌：《铁路轴承第一品牌的陨落》，《新财富》，2006 年第 4 期，第 66—69 页；傅捷：《外资控制产业命脉的三种武器》，《中国投资》，2006 年第 10 期，第 39—42 页；黄为民：《“上错花轿嫁错郎”——西轴合资的教训》，《经营与管理》，2006 年第 10 期，第 3 页；蔡亮：《西轴引资“大沦陷”》，《理财》，2007 年第 3 期，第 48—49 页。

北轴承交出了很多东西，有厂房、设备、商标、市场等手上能有的资源，FAG当时只出钱就行。说起来是合资，其实更像是西北轴承被FAG并购。

丧失主导权就比较可怕。这相当于你把方向盘交给别人，别人想宰你那是很容易的事情。实际上，FAG也确实宰了西北轴承一把。我们从现在的一些访谈资料和零散资料就能看出来，到了2002年德方在经营上就非常有话语权，不仅在人事安排上独断专行，在经营上也不给中方人员太大自由空间。没多久，合资公司就陷入亏损的境地了。亏损对于FAG是有好处的，它就能低价把合资公司吃掉。2003年底，西北轴承就把手里的49%股权全卖给德方，自此合资公司就完全是德国独资了。这对西北轴承打击很大，当时合资的时候，西北轴承把自己的品牌、市场都拿出来了，现在卖了股权，就等于把品牌、市场都拱手让给德方。但又因为一开始德方就控制了经营和人事安排，西北轴承在短短的两年合作过程中，技术根本就没拿到手。

姤卦说“壮女勿娶”，西北轴承当初棋差一着，娶了不该娶的FAG，最后却是人财两失，实在让人惋惜。

四十五、萃卦

GE安防并购整合：不仅要看数量还看质量

卦意小解

姤讲不期而遇，有“遇”就有“聚”，“聚”则是萃卦讨论的一个重点。萃不是简单的聚集，而是强调凝聚，能凝聚力量，就能办大事。萃卦是说你怎么把聚集的那些力量凝聚起来办大事。

要汇聚力量、凝聚人心就要做事符合正义，做人要真诚。要想支配这些力量，首先就得要能够控制、引导这些力量，这就得保持诚信。有了诚信做基础，还要会在大方向上引导力量，这时候就要符合正义，以德服人。

案例

如果我们稍加引申就能意识到，萃卦其实就是强调在汇聚利益预期的时候应该采取什么样的手段。很多并购能够整合成功就是因为善于处理利益的汇聚问题，这方面GE安防可以做个标杆[1]。

私营安防业目前是一个在全球发展非常迅速的产业。因为各行都有对安全的需求，新技术层出不穷、大量资金流入，出现了很多新的市场机会，很多信息行业巨头都开始进入安防行业，希望能够在这个尚未成熟的市场抢得一席之地。GE在进入安防业并逐步扩大的过程中整合资源就做得很好，虽然它在2010年被联合技术公司（UTC）收购，但是并不妨碍我们去吸收它进入安防行业时所积累的成功经验。

GE安防隶属于通用电气公司，现在它的产品线非常宽，客户遍布各个行业，相关的一些技术在全球都非常靠前。作为一个安防业的局外人，它在两年内先后并购了几十家安防企业，并组建团队对这些并购来的企业进行重新组合。

作为一个外行，它很快能在安防业站稳脚跟，一个原因就是并购整合做得好。刘庆军就认为，GE安防的整合做得好有两个主要原因：一是按照产品线进行组合，二是给予被并购企业充分授权。

按照产品线进行组合的过程中，GE将原有的多个品牌统一为GE品牌，这带来一个优势就是可以利用GE品牌的号召力发挥协同作用，另外还能够维持产品在细分市场上的既定优势[2]。

充分授权的整合模式则最大限度地保有了被并购公司的活力。这样被GE安防并购过来的企业，它们还是保持着相对独立的发展模式，这就使得它们原来的既定优势能够被保存下来，而且市场资源的连续性也不会受到破坏。这样就降低了整合带来的业务流失和管理能力下降。比如，InVision被并购进GE安

[1] 本案例相关数据参考自：刘庆军：《GE安防事业部中国市场竞争战略研究》，山东大学硕士论文，2007年；孙文超：《通用电气公司安防业务市场营销策略》，北京邮电大学硕士论文，2008年。

[2] 在GE安防的官网上，所有的栏目都是按照产品线来进行归类的，所并购的企业都服务于GE安防扩展产品线的战略规划规划。详情参见：www.gesecurity.com。

防之后，仍保持着自己的独立运转。

当然，GE 安防的整合也不是没有缺陷。因为它实施全球统一的产品策略，这造成一个问题，就是在区域市场可能存在适应性风险。比如，在中国的市场，GE 安防的更新速度就比不过日韩的企业，这就影响了对一部分市场机会的把握。但总的来说，它的整合还是比较成功的，值得后来者借鉴。

四十六、升卦

宝洁的中国战略：打江山、坐江山，都要步步为营

卦意小解

升在萃之后，力量聚集了就会向上升一个台阶。升有上升、晋升的含义，升卦主要阐述的就是向上升的过程中需要注意什么事项。

升卦探讨了两个问题：怎么升？升上去怎么保持？关于怎么升的问题，升卦强调了两点，既要有坚强的实力，又要有长者提携，两者结合才能达成升的目的。那么升上去之后怎么保证自己不掉下来？升卦里有个精髓叫“谦逊”，就是要秉承柔顺之道，要步步为营、稳扎稳打，才能保有升的这种势头。

案例

谦逊稳妥，稳扎稳打，这样江山才能坐得长久。宝洁在中国的本土化战略布局就很符合升卦的这个精髓，宝洁的战略部署都是一环套一环，它非常知道

自己在什么时候该做什么事[1]。

宝洁进入中国市场淘金时间非常早。我国刚开始开放国内市场的时候，宝洁就意识到这是个千载难逢的机会，事实证明，宝洁眼光很好，现在它已经是中国日化行业的领头羊。但当时外资要进入中国就必须要跟本土企业合资，宝洁觉得李嘉诚的和记黄埔是个不错的选择，就跟李嘉诚七三开成立宝洁中国这个投资公司。借着李嘉诚，宝洁就顺利地跟中国内地搭上线了。

之后，宝洁的手法就是典型的外资手法，跟中国内地企业设立合资公司。最早的一家合资公司是 1988 年跟广州肥皂厂合资成立的广州宝洁有限公司。在广州站稳脚跟之后，宝洁以广州为立足点向中国内地扩张，先后跟天津肥皂厂、成都油化厂等内地企业成立合资公司。

成立合资公司之后相当于有人带路，宝洁进入了快速发展期。宝洁当时开拓市场有两大利器，一个是价格战，一个就是本土化的品牌运作。当时宝洁总部产品很多，它在中国选择从护肤、护发这个壁垒比较低的市场作切入点。因为它有钱，所以不怕价格战。除此之外，宝洁做品牌的功力非常强，它做的牌子不仅翻译上很对中国人胃口，而且销售渠道也是按照中国市场设立的。宝洁的海飞丝就是一个极其成功的案例。当然，它不仅本土化做得好，多品牌经营也厉害，发展一段时间之后，大家就发现市场上一眼望过去全是宝洁的牌子，可见宝洁市场经营的成功。

经营上成功之后，宝洁就打算甩开合作者单干了。当然它很精明，先挑软柿子捏，2001 年宝洁就陆陆续续回购了内地合作者的股份，并开始发展自己的独资企业。等到它把内地的事情解决了之后，力量也够强了，宝洁就打算把和记黄埔手里的那三成股份也拿回来。早前李嘉诚帮宝洁牵线搭桥的时候，双方

[1] 时秀梅、栾华、刘谦:《跨国公司进入中国市场模式进程研究——以宝洁（中国）为例》,《第十二届中国管理科学学术年会论文集》，2010 年。

合同里写的是2017年和记黄埔退出。显然宝洁成长得太快，到了2004年就要回购和记黄埔手里的股份。这也引出了当年很火的一桩公案，就是李嘉诚和宝洁为此打了一场官司[1]。不管怎样，宝洁这头猛兽是彻底长大了，谁也挡不住。

先通过找合作人站稳脚跟，然后努力做市场积累资本，翅膀硬了之后谋求独立，这是外来者攻占本地市场一个非常典型的路数。但是宝洁独立了之后，没有躺下来睡大觉，而是往寡头的宝座一路奔了过去。这一回的手法不是合资，而是并购。当然并购并不仅仅是宝洁专为中国市场而实施的，它主要是在全球展开品牌并购，进而影响中国市场，比如它就收购了伊卡璐、威娜、香必飘等品牌。在中国市场上并购也是宝洁一开始就在用的手法，只是当时没有现在这么大手笔而已。1994年宝洁跟北京日化二厂合资的时候，就买断了“熊猫”洗衣粉，现在这个牌子已经消失了。宝洁还曾尝试过收购大宝、羽西、小护士这些品牌，只是这几个牌子被竞争对手占了先机。最近一个大手笔就是并购吉列剃须刀，中国南孚电池作为吉列的子公司也成了宝洁旗下的品牌。

通过并购，宝洁进一步在中国市场上整合资源，加强话语权。近几年，宝洁已经开始逐步提高日化产品的价格，这无疑是它占领了市场之后下一步要走的棋。随着护肤护发产品竞争加剧、利润降低，宝洁也开始转向美容产品，这或许是它下一轮的战略重点。

看宝洁在中国市场的发展过程，它走的路每一步都比较恰当，什么时候该做什么事就做什么事，这对于我们中国企业去海外并购也是一个可资借鉴的好例子。

[1]“李嘉诚和记黄埔诉宝洁，索赔1.7亿元”，http://money.163.com/economy2003/editor_2003/031104/031104_166078.html。

四十七、困卦

雅虎中国发展困局：落难的时候，除了自己谁都靠不住

卦意小解

升之后是困，这说的是不顾一切往上走，就会陷入困境。困卦主要讨论怎么脱离这种困境。

要走出困境，一个精要就是：有原则、能坚持。坚持原则的第一点就是自己要有实力，困卦说这时候千万不要奢望别人救你，这时候你是“有言不信”的境地，说话没人听，别人都躲着你，所以一定要自救。自救是否成功就看你能不能坚持原则。这个时候要是急于摆脱困境、不择手段，那无异于饮鸩止渴，即使侥幸走出困境也会后患无穷，最终还是会掉回到原来的困局中。

案例

这几年并购很流行，很多企业也发现这是条捷径。做不起来技术、市场或者一遇到经营上的麻烦，就想着直接拎一麻袋钱过去把那个能做技术、能做市场、会经营的公司买下来给自己服务！关键是，买得来吗？当然也有成功的，更多失败者是散了一堆钱之后发现，买了个空壳子，人财两空。为什么，就是因为在遇到困局的时候老想着依靠外力，但是外力哪里是那么好依靠的，你又有多少利用价值让别人给你靠呢？雅虎中国在遇到发展困境的时候，先是并购周鸿祎的3721网，后来又跟马云联手，但这些努力都没改变雅虎在中国半死不活的状态，一个很重要的原因就是雅虎中国打开困局的时候老想着靠别人。

雅虎是杨致远在1994年创办的，起家时主要做网站导航服务，一开始在美国做得风生水起。1999年进入中国，但早起的鸟儿不见得有虫吃，在中国市场上雅虎就做得差强人意。它当时把美国那一套思路直接套在中国市场上，门户网站模式也是美式的分类目录形式，忽视中国国情的结果就是完全做不过本地的草头王。美国因为信息渠道多到泛滥，所以流行做分类目录，让大家在目录里找信息；但是国内不一样，那时候国内不是信息泛滥而是信息根本不够，分类目录就没有多少发展前途。发达起来的门户网都是做一种新闻超市的模式，一个主页上的信息多得让人头晕，但网民就是喜欢。雅虎主页不怎么做新闻，没有看点、吸引不到眼球，也就意味着雅虎没有人气、没有广告。这种状况下，雅虎中文网就很尴尬了。

对于雅虎来说，这个时候调整发展策略其实还是来得及的，但很明显雅虎对于中国市场没有一个明确的认识，并不知道该怎么调整。雅虎当时更看重在中国市场上是否能实现短期盈利，所以在战略部署上并不清晰。中国市场上的水土不服让雅虎觉得应该在国内并购一家企业，找个小弟好带路。当时杨致远就在李彦宏的百度和周鸿祎的3721网之间选择了3721网，并且把周鸿祎收编到雅虎做了一阵子 CEO。对于雅虎而言，3721 更多的是一个印钞机的功能，而不是战略上的投资。周鸿祎主政的那段时间，雅虎确实也盈利了。但是好日子没过多久，雅虎就发现它小弟没找到，反而踢到了块铁板。周鸿祎是典型的草莽英雄汉，做客户和渠道是一把好手，但极其强硬，谁的账都不买。他觉得雅虎执意要做的门户网站摊子太大，没什么前途，所以就集中力量发展电邮和搜索引擎，这个跟雅虎高层的发展思路就不是很吻合。后来周鸿祎跟雅虎决策层闹翻之后，就出来自己单干。

周鸿祎走了之后，让雅虎真正头疼的事情才刚刚开始。周鸿祎走的时候不仅挖走了雅虎的一票人马，而且直接成为雅虎的一个强劲对手。还有一点，雅虎收购 3721 的时候，3721 手里最值钱的是它的插件技术，也就是我们常说的流氓软件。周鸿祎虽然把这个留在了雅虎，但他自立门户之后，战略眼光好的品质就出来了，他开始把流氓软件当作清理对象，开发了 360 安全服务专门反流氓软件，绞杀的主要对象之一就是 3721 的插件，这就间接断了雅虎的一个财路。周鸿祎在雅虎时候主导的搜索引擎业务也没有被坚持做下来，而搜索引擎则是最近几年 Google 和百度赖以盈利的一块大肥肉，相当于两块最能赚钱的地方，周鸿祎一走，雅虎直接就丢了。

周鸿祎走了之后，杨致远请来了马云。雅虎在 2005 年跟阿里巴巴通过换股结成联盟，雅虎的战略重心又一次转移到电子商务上。但结果却是马云后来居上，杨致远则似乎变成了阿里巴巴众多投资者中的一员。阿里巴巴从这次结盟中利用了雅虎的搜索、通信和技术平台，那么雅虎得到了什么呢？一个立足中国的机会而已。这个机会能否抓得住，就看雅虎的定位是否准确了。事实上，从 5 年后阿里巴巴从雅虎手中拿走控制权就能看出来，雅虎一直就没能抓住这个机会。

雅虎在中国市场发展陷入困境的时候，并没有像困卦说的那样坚持原则、看清方向，而是一味地依靠并购和整合，试图在中国站稳脚跟，这种将自己的前途随便交到别人手里的做法非常靠不住。目前的雅虎就像一个迟暮的美人，曾经风光无限，而现在连一声叹息都显得那么力不从心。

四十八、井卦

eBay 并购易趣：没水喝的时候，钱再多也没用

卦意小解

井在困后面，我们知道困是一味求升导致的困境，那么井就是说这个时候你遇到困难了，就要考虑回过头加强自我修养，也就是回头重新找那口给你滋养源泉的井。井卦说的是怎么维持这口井的活力。

井卦推崇“井养而不穷”，在这里井卦强调做人做事要有根基，要能像井水那样取之不尽、用之不竭，这样发展才不会遇到阻塞。怎么保持井水不穷？这就需要你有一口好井。有了好井，还要注意维持，否则井就会被淤泥堵塞，水就会变得没办法喝。这就告诫我们，要与时俱进，及时充盈新知识、新经验，这样才不会被时代淘汰。

案例

井卦说“井养而不穷”，企业都喜欢追求“不穷”，最好天下我最大、发展永无穷，但企业在追求“不穷”的时候，却往往不怎么注意“井养”。给你提供水源的那口井是什么？有没有好好把握住？理清这些问题很关键。eBay 通过收购易趣进入中国市场却一直反响平平的一个主要原因，就是 eBay 忽略了在中国市场挖一口能给自己提供水源的好井。

eBay 是以做在线交易平台而闻名天下的，说白了，就是 eBay 把一个集市搬到了网上，然后吸引大家来它这个集市上买卖东西，跟淘宝是一个道理。它起步早、资金雄厚，但在中国市场却完全被淘宝超越了，为什么？它对中国用户的交易习惯没有淘宝理解得深刻，淘宝知道在哪儿挖井能找到水源，eBay 不知道。当时 eBay 看上了中国市场潜在的庞大购买力，就决定通过并购一家国内的同类型公司进入中国市场，它选的是当时做得最好的易趣网，但是却没有很好地发挥易趣的优势，反而导致易趣在中国市场上做得一塌糊涂。

eBay 看上易趣是有一定道理的。易趣成立于 1999 年，是中国国内最早那一批做在线交易平台的，到 2000 年左右的时候一度占了国内电子商务市场超过 90% 的份额，eBay 觉得跟这个当时国内首屈一指的企业合作应该是比较稳妥的，所以就在 2003 年的时候全额收购了易趣网，合并成立 eBay 易趣，旨在做中国国内在线交易平台的龙头老大。但 eBay 没有看清楚一点，易趣当时能占据电子商务市场大半个江山主要是因为它起得早。马云的淘宝一起来，易趣就完全没有还手的力量。当池子里有水的时候，是看不出来实力的，但是等到大家把水池里的水分完了的时候，谁会挖井找水源谁就是赢家。从 2003 年开始不到两年，中国市场就已经是淘宝的天下了。究其原因，是 eBay 对中国市场不了解，所以 eBay 在并购易趣之后不仅没有改正易趣的短处，还把易趣的长处也做没了。

易趣跟淘宝比起来最起码有两个短处：一个是客户定位范围太小。当时易趣市场的定位是高端消费人群，这就导致易趣的水源不足。它不做低端，量大从优，那个电子商务主流它也就没捞到。另一个是手段太保守。易趣很早就实行收费制，这就给后来那些通过提供免费服务的竞争对手留下了发展空间。结果淘宝一上来就是免费制，这个就把易趣打得毫无还手之力了。

但是易趣也不是一点优势都没有，否则它也不可能随随便便就能做到市场老大。但是 eBay 一上手，易趣原来的优势也一样被整没了。eBay 经营上的两个核心因素造成了这种结果：一是 eBay 强调的全球统一经营模式；二是 eBay 迟迟不能解决信用支付问题。

全球统一的经营模式完全模糊了易趣的中国特色。eBay 总部在并购易趣之后不仅要易趣采用 eBay 统一的界面，而且还把服务器整个搬到美国去了。原来使用易趣平台的用户要适应 eBay 的全球平台就得改名，服务器搬走之后，上网速度也慢了，很多人嫌麻烦就不用了。中国用户喜欢熙熙攘攘、很喧嚣的界面，但是 eBay 全球统一的界面过于简洁，显得太精英范，很多人觉得不对胃口也就不用了。这样两下子，eBay 易趣就流失了很多客户。

当时 eBay 有一个支付工具 Paypal，但是因为政策原因，一直没有引进来，eBay 也没有发展其他可信赖的支付手段，所以在淘宝的支付宝起来之后 eBay 易趣就真是一点竞争优势也没剩下。等到 Paypal 能用的时候，锅里的鸭子早被淘宝抢走了。

eBay 易趣是做电子商务在线平台的，这时候人气就很重要。eBay 来来回回折腾了几次，人就都走光了。这就相当于 eBay 自己把井塞住了，最终自然就做不过淘宝。

四十九、革卦

青岛啤酒扩张：有准备就不怕抓不住好时机

卦意小解

革在井之后，井里的水时间长了也会混浊，不能喝，这时候就要求变，这就到了革卦关注的重点。革卦就是教你怎么改革才能成功，成功了之后又该做些什么才能保住你成功的果实。

在革卦看来，改革能不能成功最关键在于时机，这是天时，也就是革卦说的“巳日”。这个“巳日”的时机到了，你要是当变不变，就只能反受其乱了。这个时机非常重要，早一步、晚一步都不成，早了你成功不了，晚了你再改就是给他人做嫁衣了。如果你时机拿捏得好，选的队伍也有实力，自己的管理有章法，那你就能把握住时机，这时候只要顺势而为就是了。

案例

很多时候并购不啻为一场改革，而企业在技术、市场甚至运营上遇到瓶颈的时候也会考虑通过并购来改变现状。革卦说变革的核心在于抓住机遇，青岛啤酒无疑是一个典型，它就是瞅准了啤酒业产能过剩这一洗牌的好机遇，依靠并购谋求向战略纵深发展，完成了全国布局。

青岛啤酒的前身是英国和德国商人在1903年创立的青岛啤酒厂，新中国成立后转为国营啤酒厂。它在1993年同时在香港和上海两地上市，募集足够的资金之后，迅速实现了第一阶段的扩张。但因为早期在经营上存在一些问题，当时虽然手上有钱，但是没有发挥出最大效用。1997年，青岛啤酒就决定走“高起点发展，低成本扩张”这个战略，其后开始把并购当作突破发展瓶颈的一个主要手段。

青岛啤酒当时这个时机选得就比较好。我国从1985年开始扶持啤酒产业，但是到了1996年，也就是青岛啤酒打算大展拳脚的前夜，国内啤酒产业出现了严重的产能过剩。行业产能过剩往往就是并购的好时机，这时候谈买卖就不怕压不下价来。1999年一整年，青岛啤酒就收购了十几家啤酒企业，一半以上都是等到企业破产然后低价买来。这就是青岛啤酒的时机踩得好。

除了时机踩得好，青岛啤酒的战略部署也值得学习。传统上国内啤酒业地方保护色彩很浓，这不仅跟地方政府设置税收壁垒有关，还因为国内啤酒大多是瓶装，运输上可辐射的范围有限。所以以前想跨省发展是很难的，但是产能一过剩，就有一批企业撑不下去，这时候地方政府是乐意接纳外来者的，青岛啤酒借着这一次好时机先整合了山东省内的市场，然后逐步扩展到全国范围，走的是一条稳扎稳打的路子，这个时候跨区并购反而没有多少阻力。

除此之外，青岛啤酒当时在并购一些地方小企业的时候，用的是现金支付方式，付钱的时候很爽快，这样很容易取得当地政府的信赖。它就很容易能谈下来那些有政策优惠和税收优惠的企业。

经过几年快速并购，青岛啤酒的全国布局就迅速铺开了。因为啤酒业需要大规模的灌装和分销，它的资产专用性很强，固定资本高。但青岛啤酒通过并购形成了规模优势，它就依赖自己在山东的影响力以及上市公司的优势加快了融资的步伐。

正是因为抓住了行业发展的时机，青岛啤酒迅速占领市场，完成了全国布局，稳定了自己在国内啤酒业第一梯队中的行业地位。

五十、鼎卦

复星医药并购整合：人是最有价值的财富

卦意小解

鼎在革之后，革说的改革，是去故。改革之后是治理，要取新。之所以起名叫鼎，是因为鼎是古代煮东西用的大锅，后来演变成权力的象征，这里说的是你在改革之后就涉及怎么运用权力来维持改革的成果。怎么保持改革的成果，实现良善治理，这是鼎卦着重探讨的问题。

鼎卦的一个精要是强调人才的作用。要煮饭鼎就得好，要做饭不能选缺腿的、掉耳朵的鼎，要选就选好的。一口好鼎就好比是一个帮你治天下的人，选人就要选贤能的人。选贤任能的首要一点，就是要明白人才是治理的重中之重，要控制局势就要先一步储备足够的人才。其次，选人才用什么标准呢？德深智大力强，是上上选。最后，选来人才要会用，你安放这些人才要恰当，这就要知人、要善任。这样你才能君临天下，永葆基业常青。

案例

复星医药是上海一家民营医药企业，它1992年开始创办的时候家产也就三万元多一点，但到了2010年底，总资产就上千亿元了。复星从开始的小企业发展为上海生物医药领域的龙头，它在成长过程中也离不开资本运作的影子，多次战略转型也都是依靠并购完成的，先后收购了桂林制药、江苏万邦、广西花红等一大批优质企业，实现了快速发展。复星在并购上有一点很值得学习的地方，便是并购过程中对人的看重[1]。

在选择目标企业的时候，复星选志同道合的团队。它关注的一个核心问题是目标企业的人是不是优秀，它倡导“与成功企业合作，与优秀企业合作”这一原则。在寻找到优秀的企业之后，复星还会看这个企业的管理者，比如总经理这些人，对复星的经营模式是不是认可，两家的价值观是否一样。复星在一开始就很强调志同道合，这就给整合时的经营省去了很多不必要的麻烦。

在并购整合阶段，复星坚持平稳过渡的整合原则。它没有像一些企业那样，一上来先简单粗暴地裁员以降低成本，而是非常注重“本土化”。因为当时并购的时候，复星挑的都是顶尖的管理者，所以整合的时候往往只是换个财务经理，其他的经营团队还是原样运作。这不仅能最大限度地保留被并购企业的资源以及优势，还容易获得被并购企业员工的支持，进而发挥并购的良性作用。

挑选目标企业的时候，它看重这个企业的管理者是不是善于经营、是不是跟复星志同道合。并购之后，它又能最大限度地发挥原来企业优秀人才的积极性，获得目标企业员工的支持与认可。对人的看重，正是复星并购成功的一个关键所在。

[1]“产业整合的超级偶像复星”，陶剑虹、谭勇《主流：中国药企领袖智慧》，清华大学出版社，2005；胡玲：《复星实业并购整合策略分析》，《航天工业管理》，2004年第2期，第14页；《超级买家复兴实业》，《新财经》，2003年7月3日。

五十一、震卦

戴勒姆与克莱斯勒分手：即便是豪门也不能没有敬畏心

卦意小解

前文说鼎是权力的象征，那么掌握权力之后，就可以发号施令了，接下来就是震卦，你的声音振聋发聩，开始有了统治者的威严。又因为震是雷，所以震还有一层意思就是听到打雷声，产生敬畏心，进而谨慎防范，加强修养。

震卦的一个核心是说要畏人畏己畏天命，其实就是要居安思危，平时做事注意分寸。心中常存敬畏心的人，行事就不会鲁莽，能够约束自己，及时自我反省，才不会陷入危险之中。

案例

震卦告诫我们要心存敬畏、居安思危，主要是因为未来变数太多，计划总赶不上变化。所以在做谋划的时候要尽量周全，行事的时候小心谨慎。稳扎稳打，才能走得顺利。

1998年戴勒姆并购克莱斯勒，宣布成立戴勒姆—克莱斯勒集团公司。两家最开始联姻的时候，众人都拍手叫好，觉得这桩买卖既门当户对，又是优势互补，一时间戴勒姆—克莱斯勒集团风光无限。但9年之后戴勒姆—克莱斯勒集团就受不了亏损，选择把手里克莱斯勒八成多的股权卖给一家美国私募股权公司。我们从震卦的角度，看这场开局幸福结局却不怎么美满的合作，很明显就能看出来戴勒姆在合作的时候，“谋划周全、行事谨慎”这八个字做不好，任凭你是威势显赫的名门，最后也逃不掉黯淡收场的结局。

乍看起来，戴勒姆和克莱斯勒是天作之合。戴勒姆当时是德国最优质的汽车企业之一，旗下的豪华轿车牌子亮、质量高。克莱斯勒则是美国汽车行业的一座山头，在越野车、轻型卡车市场上一枝独秀。两家不仅品牌和技术互补，市场也互补。似乎只要联手，就能当上霸主。不过联手倒是联手了，只是非但没有坐上全球汽车业霸主的位子，反而戴勒姆和克莱斯勒一起过了一阵颓唐的日子，有那么几年克莱斯勒连年亏损得喘不过气来，最后两家也只能劳燕分飞。

分手很重要的一个原因是当时的联手并不是周全谋划的结果。合并本身太过仓促，导致两家企业牵手的直接诱因是克莱斯勒不想被它的一个大股东恶意收购，所以病急乱投医，在双方都不熟悉的情况下，抓着戴勒姆来做白衣骑士。这产生的一个后果是，两家一搭伙过日子，才发现对方很多平常发现不了的毛病。比如没过多久戴勒姆就发现克莱斯勒的状况比自己想的要糟糕。加之，戴勒姆收购克莱斯勒之后一段时间刚巧赶上美国经济发展进入停顿期，戴勒姆很长时间在北美市场上都没有什么大进展。

除了谋划不够周全之外，戴勒姆—克莱斯勒整合的时候也不够谨慎。两家虽然是换股并购，但并不是平等合作，更多是戴勒姆掌握主控权。当时两家都给外人一个平等合作的印象，这就导致整合时出现很多扯皮现象。对于克莱斯勒而言，给外人平等合作的印象有助于维持在业界的地位，对于戴勒姆来说，它为了缓解跨国并购遇到的压力，在公开场合也一直强调合并的时候两家地位平等，但是高管心里的小九九普通员工哪里懂。所以在中高层管理人员基本换成戴勒姆一方的人马之后，克莱斯勒的员工就认知混乱了，说好的平等呢？普通员工转不过来弯，就觉得自己被骗了，这也诱发了克莱斯勒一批优秀人员直接离职，要裁的没裁掉、要留的没留下来，反而给经营上带来许多不必要的麻烦。

戴勒姆是欧洲的豪门，克莱斯勒是底特律的巨头，但是两家的合作却是黯然收场。可见在并购的时候有财力、有底气并不一定成功，谋划周全、谨慎行事这种居安思危的做事风格才是最要紧的。

五十二、艮卦

德隆倒塌：不懂适可而止，很可能就得死

卦意小解

有了敬畏心，做事才知道适可而止，接下来的艮（gèn）主要就讨论止的问题。止是停下来的意思，该走的时候走，不该走的时候停，就是行事要恰到好处。在最合适的时机做你能力范围内最恰当的事情，这便是止的深意。

止说的是适可而止，用在并购中就是要稳健。有些企业一味冒进，当能力无法支撑快速膨胀的身躯，就只得无奈倒掉。

案例

艮卦的精要在于适可而止。对于做企业而言，适可而止的态度会让你变得稳健，这样你才能稳稳当当地往前走。“其兴也勃焉，其亡也忽焉”的德隆帝国，败就败在不知道适可而止上。

1986 年唐万新、唐万里兄弟在新疆开始做彩色摄影冲印生意，当时新疆没什么人做这个，所以他们很快就赚了一笔钱。有了第一桶金之后，唐家两兄弟就想着要做大做强，开始混业经营。他们开过很多加工厂，但都是小打小闹，有赔有赚。到了 20 世纪 90 年代，他们的实力慢慢起来了，先是成立了新疆德隆实业，接着组建了德隆房地产公司，一时间倒是赚了不少钱。手上有了钱之后，德隆就开始做投资，扩张也非常快。它先后并购了新疆屯河、沈阳合金和湘火炬，在控制了这三家上市公司之后，德隆帝国的扩张就极速地向前推进。德隆在最强盛的时候，手上不仅有五家上市公司，还参股、控股了近 200 家企业，国内跟德隆有关联的金融机构也有好几家。但这个庞大的帝国很短命，到 2004 年就轰然倒塌了。

德隆是怎么从一个小打小闹的企业迅速成长为一个旗下有几百个子公司的大集团的？这跟德隆的融资手法有很大关系 [1]。扩张最需要的就是钱，虽说德隆先前赚了很多钱，但是那些钱根本不足以支撑德隆帝国的版图，所以它也面临融资难的问题。德隆的解决方法也比较直接，先花钱买上市公司，控制上市公司之后，然后通过上市公司来融资，用融来的资金进行扩张。所以德隆一开始就并购了新疆屯河、沈阳合金和湘火炬，让这三家公司成为拉动德隆帝国往前跑的三驾马车。

上市公司在融资上有两个优势，一是可以通过二级市场来融资，一是可以借上市公司的信誉作担保向银行贷款。但是德隆在这两处操作得都有点过头。要让二级市场成为摇钱树有很多种方法，如可以增发股票，但德隆当时着急用钱，后来甚至有操纵股市的嫌疑。在担保上，德隆开始玩起了连环抵押、连环担保

[1] 史佳卉:《德隆精心炮制的融资陷阱》,《中国投资》, 2005 年第 2 期；李维安:《德隆神话的破灭：“做大”与“做强”的理性思考》,《南开管理评论》, 2004 年第 7 期，第 1 页。

的手法，甚至集团内部各个子公司之间互为担保人[1]。这就很有些拆东补西、空手套白狼的味道。

德隆的连环担保融资手法要维持下去就得满足一个条件，就是融资源头不会断。要么大环境一直有利于德隆，银行一直会借钱给他；如果银行不借钱，德隆手里的企业若能赚到足够的利润，来反哺资本需求，这种手法也勉强可维持。但这两个条件都没满足。先是大环境紧缩，银行贷款变得非常难，德隆不仅没停反而加速扩张，所以资金链就受不住了。而德隆自己旗下虽然有百十来个企业，但是经营上都没什么大起色，不仅没给德隆带来利润，还要德隆一再贴钱。

2003 年德隆在证券市场上的危机事件一出来，它自己就扛不住了，银行停止贷款跑来催贷，德隆帝国的资金立刻就循环不起来，2004 年就轰然倒塌。

[1] 吴育彩:《由“德隆系”案反思我国上市公司关联担保的法律规制》，兰州大学硕士论文，2010 年。

五十三、渐卦

沃尔玛并购好又多：没把握的时候就先投石问路

卦意小解

渐在艮之后，艮告诫人们做事要稳健，渐进一步说怎么保持这种稳健的步伐。渐推崇循序渐进，这里用了个比喻说，循序渐进就要跟嫁女一样，遵循礼数按部就班来，其实是说做事情要稳扎稳打。

在并购的实践中，对于刚刚想要进入到并购市场的新手而言，渐卦的提醒很重要。尽管这种循序渐进的话已属老生常谈，但怎么看清发展的路线，一步步稳扎稳打取得成功，这是需要长时间的实践才能体会到的。

案例

渐讲究循序渐进、稳扎稳打，沃尔玛在并购好又多时奉行的就是这种策略。[1]

沃尔玛早在1996年就进入中国零售市场，但发展一直没有太大起色。当然，这里有环境的原因也有它自己的原因。虽然2001年国内零售市场就开放了，但在2005年之前外资在国内零售业的进展基本都非常慢。还有一个原因跟沃尔玛自己的亚洲战略有关系。零售业利润很薄，国内的大卖场很多都收入场费，但是沃尔玛则在物流、配送、产品差价上做文章。沃尔玛在美国打遍天下的优势就是它采购和物流很厉害，但是中国当时的基础设施水平跟美国还不一样，这就导致沃尔玛自己原来的优势在中国很难发挥出来，它在中国的成本相比在美国明显就高出来一大截。

2005年之后，外资零售业开始大举发力，那时候大家都争先恐后地占位子扩张。这个抢滩圈地的机会沃尔玛自然也不会放过。但因为开新的门面店运行成本高、风险大，对沃尔玛而言，并购反而划算。沃尔玛当时就看中了好又多。

好又多是台湾诚达旗下的子公司，1996年就进入大陆做连锁超市，好又多发展也比较快。但它有个问题，就是资本实力不够强，快速扩张了一阵子之后就后劲乏力了。沃尔玛谈并购的时机刚好是好又多自己发展很吃力的那段时间，所以也比较好谈。虽然双方一拍即合，但是沃尔玛在这时却没有把好又多一口吃下来，而是先期收购了部分股权跟一些门店。[2]

这里有个原因是好又多早先资金不太够，所以很多店面是合营加盟店。加盟店带来的问题就是产权并不像一般直营店那么单一，在这种情况下外人不知内情一下子撞进去就很麻烦。沃尔玛就很明智地走了一条渐进的道路。2007年，沃尔玛拿了好又多35%的股份。好又多有100多家店，但是沃尔玛只拿走了几

[1]相关详细论述可参看：潘培伟:《沃尔玛并购好又多的分析与研究》,《新西部》,2008年第3期。
[2]好又多介绍 http://wiki.mbalib.com/wiki/%E5%A5%BD%E5%8F%88%E5%A4%9A。

十家产权明晰的直营店。看起来好像是沃尔玛没有能力完全并购好又多，但是这样做有个好处，就是可进可退。先部分介入有助于弄清形势，等到一切都梳理清楚了，如果觉得好又多值得大费工夫就可以完全买过来，如果发现情况不对也不用担心一下子被拖垮，只要延迟全资收购进程就行了。[1]

实际上，沃尔玛渐进的道路是比较明智的。它在之后整合的几年中，就遇到了各种意想不到的问题，有管理上的、财务上的、企业文化上的，而且一部分店面在被收购后还出现了亏损的现象。试想，如果当时沃尔玛冒冒失失一下子把好又多全吞下了，整个消化过程有可能将会是件非常累人的事情。也恰恰是这样投石问路，沃尔玛在后面几年里对好又多的运营状况才有一个更明确的认识，在磨合的过程中对好又多也更加了解，一步步实现平稳过渡。

[1] 参见："沃尔玛并购好又多"，http://finance.sina.com.cn/roll/20070228/00511233042.shtml。

五十四、归妹卦

美国在线和时代华纳合并：强强联合的时候也要讲时机

卦意小解

渐好比按照礼数嫁女，但是归妹就不一样了，归妹的比喻是说嫁女的时候没按照礼数来，那就可能是凶兆了。太着急了，结果嫁过去不是正妻，是小妾，那就没有什么益处了。归妹卦说的是错过佳期的吉事变成凶事的情况。

归妹为什么是凶？主要是行事违背了规则。嫁女在古代有严格的礼仪规范，没有按照这种规则嫁女，就违背了礼。归妹用这个比喻提醒我们，做事要守规矩，要按部就班，不要操之过急。否则的话，很可能就只看眼前利害，最后弄到自己没有名分，利益自然也就得不到保障。

案例

归妹本来是件好事，但也不能操之过急，否则时机没踩准，就容易出问题。2001年，美国在线用1840亿美元收购了时代华纳，合并成立美国在线－时代华纳，当时人们完全被这个大手笔震惊了，但美国在线并没有把握好时机。它太急于跟时代华纳联姻，手段上太过冒险，并购之后又恰逢互联网泡沫破裂，最后的结果反而是被时代华纳抛弃。[1]

美国在线的前身是1985年成立的量子计算机服务公司。当时计算机公司大多专注做硬件，对于网络服务关注得比较少。美国在线就瞅准了这个发财机会，先一步占领了网络服务这块大蛋糕，并且笼络了一批注册用户。有了用户基础之后，美国在线发现仅靠聊天、留言这些东西想要留住用户并从他们身上赚钱是远远不够的，它还需要发展传媒。于是美国在线就转而着力把自己打造成一个新传媒的领军人。但做传媒有个问题，就是需要内容。美国在线处理信息能力强，但是做内容就完全是新手，这个时候它就把主意打到时代华纳的身上，希望能跟时代华纳联合起来。

如果说美国在线是个互联网热潮里崛起的新贵，那么时代华纳绝对是根正苗红的老贵族。它由时代公司和华纳公司合并而成的。时代公司成立于1923年，它旗下的《时代》《财富》等杂志有着极其庞大、忠诚的读者群。华纳公司前身是华纳兄弟在1918年创建的华纳制片厂，后来华纳在电影产业上扩展非常快，并顺着电影发展到唱片、有线电视等领域。到了20世纪80年代，时代和华纳合并，形成了一个覆盖整个出版娱乐业的巨头。时代华纳手上报纸、杂志、电视、电影、音乐唱片等应有尽有，这是美国在线最缺的东西。显然，时代华纳对美国在线也很感兴趣。网络的优势时代华纳早就看在眼里了，它甚至很早之前就自己开

[1] 该案例论述可参见：方向明：《世纪并购——美国在线时代华纳集团出世》，三联出版社，2000年版。

始做新传媒，但是一直没有做起来。所以美国在线来谈的时候，时代华纳觉得美国在线的网络平台是推销自己内容的绝佳场所，所以两家很快就谈妥了。

跟我们前面看的很多案例一样，谈妥很简单，困难的是谈妥之后怎么做。美国在线和时代华纳就是这样，放手一做，问题就都来了。美国在线是一个非常年轻的企业，它还没有经历过一个完整的繁荣萧条周期，所以它那个时候的朝气蓬勃还是那种没经过大风浪的稚嫩状态。恰恰是他们两家联手的那段时间，美国互联网经济的泡沫开始破了，美国在线一下就缩水了，合并之后的新公司股价也应声下跌，瞬时美国在线的势头就被打击了。

美国在线的势头一受打击，合并公司里的势力对比势必会发生变化。美国在线关注盈利，对于内容的质量就不怎么上心，但是传媒是靠内容活的，要是天天为了眼球不管质量，很快就没人看你。在追求短期盈利的驱使下，美国在线的一些做法就让从时代华纳过来的那拨人很火大。刚好互联网泡沫破裂，给了时代华纳一个打压美国在线、重新掌握主动权的好机会。2000 年美国在线并购时代华纳的时候，主动权还握在自己手上，但是没多久它就发现自己是握不住的。美国在线根本就压不住那群比自己专业得多的传媒业老行家。2002 年新公司的决策基本上就是时代华纳说了算。同时美国在线又一直在缩水。2003 年时代华纳做主把新公司直接更名为时代华纳，免得拖累时代华纳的名气。渐渐地，美国在线反而成了时代华纳的一部分。

美国在线之所以后来处境这么窘迫，跟它自己没把握住时机有很大关系。它当时虽然网络服务做得好，但是赚钱的业务很少，盈利点主要在做网络接入服务，它当时用的是窄带拨号上网，宽带这一块没发展起来。等到其他公司宽带做起来的时候，它的客户流失率就非常高了。还有一个关键问题是，互联网要坐稳新传媒的位子，网络传输稳定这个技术关是必须要过的，否则网络电视、网上娱乐就发展不起来，当时美国在线也没有太关注这个问题。它只关注了一点，就是把盘子做大，越大越好。

它为了把盘子做大，在合并前做报表的时候虚增广告收入，夸大利润总额。美国证券交易委员会就开始查这件事，查的时候刚好是美国在线业绩惨不忍睹的那段时间，可想而知它当时的状况有多么雪上加霜了。

美国在线把它的平台拿出来做时代华纳的内容，变相地成了时代华纳的推销员，但是它自己却没有在这个过程中捞到太多利益。美国在线缩水也影响了时代华纳，合并之后整个新公司每天能听到的消息就是股票又跌了多少、公司又亏了多少。2009 年，时代华纳就直接一脚踹了美国在线，跟它分手了事。

五十五、丰卦

保时捷并购大众被反咬一口：跟亲兄弟做生意也不能太大意

卦意小解

丰卦说的是繁荣，显示了一种完满的状态。但是《易经》一再强调，事物发展到极盛就会转衰，丰卦也不例外。丰讲的就是如何保持丰这种繁荣。

在繁荣的时候最忌讳不谨慎，只要稍微大意，繁荣的景象也就难保了。丰卦说保持丰的一个核心就是“明以动”。“明”说的是方向上要正确，“动”说的是行为要果敢。路线正确，行为恰当，那么盛大的状态才能保持得长久，否则繁荣的景象很快就会衰败掉。

案例

人在强盛、显赫的时候，最不能做的事情就是昏头，这时候不能大意，否则即使刚开始占上风，最后也会被扭转。保时捷从 2005 年开始，就一直谋求控股大众汽车，它为了吃掉大众大举借债，不料一个大意遇到金融危机，陷入债务泥沼，被大众杀了个回马枪，大众反过来收购了保时捷的跑车业务。

保时捷和大众这两家公司有很深的渊源。这个渊源还得从费迪南德·保时捷说起。他是一位极具天赋的设计师，在 1923 年就成为戴勒姆总工程师，他一直有个心愿就是设计一款平民汽车，但这个想法跟戴勒姆董事会理念不合，所以他在 1931 年离开戴勒姆之后创办了保时捷汽车咨询公司。当时德国元首希特勒很想在德国生产自己的“国民轿车”，就下令让费迪南德设计一款大众型号的车，这就是后来的大众“甲壳虫”汽车。德国政府看到设计成果之后，觉得可行，德国劳动联盟就在 1937 年建立了一家公司专门生产甲壳虫汽车，并在第二年把公司正式命名为大众，费迪南德则以总设计师的身份参与整个组建以及后来的生产过程。因为费迪南德的关系，保时捷公司一开始就扮演了一个大众公司的顾问角色。但没多久战争爆发了，之后就是德国战败，希特勒被打倒，费迪南德因为受到希特勒的重用，被关进监狱待了两年。

随着战后局势的变化，大众跟保时捷也都发生了一些变化。战后先是英国接管了大众，一段时间之后，英国把大众的管理权交给西德当时的联邦政府，联邦政府又把管理权下放给下萨克森州。1960 年大众开始向公众发行股票，联邦政府退出，下萨克森州政府保留了部分股权成为大众控股股东。1965 年之后，大众陆续收购了几家公司，组成了德国大众汽车制造集团。大众在战后凭借“甲壳虫”打开局面，之后发展一路顺风顺水，进入新千年经营上却面临了困顿的问题。

保时捷一开始没那么顺利，但后来的势头却很强劲。早先因为费迪南德跟希特勒的关系，保时捷在战后有一段时间难以为继。这时候费迪南德的儿子费里·保时捷挑起了大梁，费迪南德还有一个叫路易斯·保时捷的女儿，她嫁给安东·皮耶希，皮耶希后来也顺势进入了保时捷公司，费里·保时捷和安东·皮耶希联合起来重振保时捷。因为保时捷受战争的打击，力量很弱，它那个时候就依靠大众公司生存。费里帮助大众公司做设计，皮耶希做起了大众的经销商，就这样保时捷依靠大众公司带来的业务，才慢慢缓过来。攒够了钱之后，保时捷公司开始走上了专攻高档跑车的路线。

在大众成为公众公司的时候，保时捷则被保时捷家族和皮耶希家族这两大家族所把持。两大家族之间的不和还是出现了，家族内部争斗开始影响到公司运营，费里开始实施改革请职业经理人来治理保时捷。在这个过程中，费里·保时捷的儿子沃尔夫冈子承父业成了保时捷公司的掌门人，皮耶希的儿子费迪南德·皮耶希则被踢出了保时捷公司。让保时捷一家没想到的是，费迪南德·皮耶希被赶出去之后进入了奥迪公司，并一步步坐上了大众公司 CEO 的宝座，而且从 2002 年起还成为大众集团的监事会主席。保时捷和大众之间的收购与反收购就多了一丝戏剧性的兄弟争夺的色彩。

但保时捷收购大众却不单单是因为兄弟争斗。由于大众是德国的民族脊梁，德国政府早前就专门为大众制定了防止被外来资本恶意收购的《大众法》。欧盟成立之后，德国作为欧盟的领头国家，这个《大众法》就有限制自由竞争的嫌疑，势必是要被拿掉的。但大众发展步伐又很缓慢，《大众法》一拿掉，大众就很容易成为海外资本的狙击目标。保时捷就是在这种情况下站出来收购大众的。

当然保时捷也有自己的利益诉求。对于保时捷而言，它虽然有非常赚钱的豪华跑车牌子以及无与伦比的技术，但高档跑车的市场就那么小，所以它就经不起大风浪。目前全球的汽车业基本都开始走上强强联合的道路，保时捷的资源会因此进一步受到挤压。大众走多品牌路线，摊子铺得很大，虽然经营上陷入暂时困顿，但是抗风险能力明显强出一大截。保时捷和大众在技术上同宗，两家长久以来也是合作关系，技术、零部件、人员上本来就是互通的，而且都是德企，企业文化也没有太大隔阂。只要保时捷能吞下大众，整合一定不是问题。

保时捷后来专门成立保时捷控股公司，专门从事收购大众企业的业务。

保时捷虽然利润高，但是摊子小，收购大众那么大体量的公司，还是很吃力的，所以它就通过向银行举债来融资。举债并购的方法实际上比较危险，在融资环境好的时候，这个不是什么问题，但是环境一旦不好，大举借债就容易变成拖累。保时捷一开始并购的道路还是很顺利的。2007 年，保时捷就掌握了大众近三成的股份，到了 2009 年初，保时捷就拿到了大众过半数的股份，当时保时捷的目标是吃掉大众七成的股份。但是时局突然就变了，2008—2009 年正好赶上金融危机，全球高档车消费缩水很多，保时捷销量下滑很厉害。大环境银根紧缩，加上保时捷业务下滑，使得保时捷自己陷入困境之中，结果就拿不出钱还债了。这个时候一直处于被动局面的大众却发力了，趁着保时捷求自保的当口发出了收购保时捷半数股权的要约。双方僵持了一阵子，后来取了个折中方案，就是合并，大众反过来掌握了保时捷过半的股权，保时捷跑车也成为大众旗下的品牌。

保时捷并购大众的时候操之过急，为了吞下大众不惜大举借债，又遇到金融危机，一下子就掉到债务旋涡里去，之后被大众扳回来一局。

五十六、旅卦

平安并购富通遭亏损：在外行走，小心失手

卦意小解

丰之后是旅，发展繁盛之后，就会面临原有资源匮乏的状况，这时候就要向外扩张寻找资源。旅卦说的就是出门在外这种漂泊不定的难处。

“在家千日好，出门一时难。”旅是走向未知领域去拓展资源的情况，在这种情况下会有很多意想不到的困难迎面扑来，生活和安全都没有一个稳定保障。这时候做事就要多留心，所谓强龙不压地头蛇，不在自己的地盘上，不管你之前有多强，在不熟悉状况时都不要贸然行事。

案例

在跨国并购中，很多企业面临的状况就是旅卦所揭示的那样。自己本土的资源不够用，就需要扩张到海外，这时候很多关系都要自己从零开始做，难度

系数就很大，有时候损失很大还没有收获，弄不好还容易把自己的家底都搭上。所以，出门在外并购时，更需要谨慎。我们国家很多企业海外并购失败的一个原因就是在旅这种不好的态势下，没做到十二分的谨慎。平安收购富通的时候，吃亏也就吃在这上面。

平安 1988 年入行，事业很成功，在成为保险业龙头之后，平安转而走综合性金融服务的路子，它在国内收购了亚洲商业银行、深发展之后，成功上市。经验有了，钱也有了，这时候的平安一心想的就是向外扩张。向外扩张最快的方式是并购，这时候平安给自己挑了一个目标：富通银行。

我们前面讲比卦的时候，曾说过苏格兰皇家银行联合西班牙标准银行和富通银行以高额的现金支付比例打败了巴克莱银行，一起瓜分了荷兰银行。那个时候三家银行组成的财团一共要支付给荷兰银行股东 700 多亿欧元，其中富通银行要出 240 亿欧元。富通银行赢了这个并购战役，但是却被高额的收购资金给拖住了，富通那个时候手上缺钱，一时间股票就一直往下跌。这个机会被远在中国的平安看到了，所以平安 2007 年就在二级市场上买富通的股票。一来股价确实低，二来平安可以间接从富通瓜分荷兰银行的并购中得点利。平安就借此良机开始参股富通。

但当时平安和富通还都没意识到，它们马上就要在次贷危机的打击下成为被劫掠的对象。富通吃掉荷兰银行花了一大笔钱,刚巧次贷危机那时候愈演愈烈，导致富通的流动性很成问题，当时富通没办法，于是就开始配股，平安当时没想太多也继续跟进。但后来富通发现，配股根本就解决不了问题，2008 年下半年开始，它的股价就呈现直线下滑的态势，结果平安就很吃亏。

在富通为钱发愁、平安盯着股价心疼的时候，荷兰政府就出面了，说要给富通注资，注资看起来是好事，结果注资之后富通和平安就发现自己亏大了。富通不是联合其他人把荷兰银行这个老店给分了吗？瓜分荷兰银行的时候，荷兰政府没出声，但却一直在等机会。次贷危机迎头打来，富通一出事成了软柿子了，荷兰政府就站出来说，可以给富通注资，但有个条件，富通得把吞下去的荷兰银行那部分股权吐出来。富通这时候面临困局，没别的出路，就很无奈地把辛辛苦苦从巴克莱手里抢来的荷兰银行股权原样还回去了。比利时政府一看，觉得荷兰这招好，联合法国巴黎银行一道把富通在比利时的业务也借机收走了，后来富通在卢森堡的业务也是因为类似的原因丢掉了。这样两下子，富通就空了。连带着富通背后的平安也被打了个措手不及，很是吃亏。

五十七、巽卦

维旺迪快速扩张吞恶果：不谦逊，再多的家产也会败光

卦意小解

旅之后是巽（xùn），巽是顺从的意思。出门在外做事还是要讲究顺从谦和，因为你没有飞扬跋扈的资本。

谦逊不是卑躬屈膝，而是要保持谦逊的心态，这样才不会因为骄傲自满而忽视一些关键问题。保持谦虚，才能看清楚天道的方向，也就是事物发展的规律。保持谦逊，才能很好地顺应事物发展规律做事情，这样成功就指日可待。

案例

巽卦的一个精髓是谦逊，因为谦逊会让人冷静地面对浮华假象与繁荣泡沫，这样才不会在如日中天的时候因为自负和狂傲而重重摔倒在地。法国维旺迪集

团的前 CEO 梅西耶就是因为在叱咤风云的环境中待得太久了，忘记了谦逊这个美德，不仅给维旺迪带来了一堆债务，还因此断送了自己的前程[1]。

维旺迪最初是做水务行业的，那个时候它还没有这么霸气的名字，有一个土得掉渣的名字叫通用水务公司，是拿破仑的孙子一手创建的。名字土归土，但是它的水处理和水供应业务做得非常好，好到什么地步呢？它曾经是法国水务行业里做得最好的企业，业务遍布全球，一直是法国企业的骄傲。

但当新总裁梅西耶在 20 世纪 80 年代做掌门的时候，一切都变了。梅西耶对水一点兴趣都没有，他只对光鲜亮丽的传媒业感兴趣，并决心把通用水务公司做成一个超级传媒帝国，在接下来的几年，梅西耶在维旺迪似乎就只有一件事情可忙，那就是并购、不停地并购，哪个企业听起来时髦买哪个。通过并购，维旺迪快速占领了几乎所有传媒业的子行业，一度成为全球排名第二的传媒巨无霸。这时候那个原来很赚钱的水务公司被划归到维旺迪环境底下，成为大集团中一个虽然盈利能力极强但是备受冷落的子公司。

企业跟人一样，不见得长得越高体质就越好，长成巨人并不能代表你比别人健康，很有可能是你得了甲亢。维旺迪当时通过并购一下子就长成个巨人。要满足巨无霸的给养是困难的，更何况这个巨无霸的成长速度快得像镁光灯一样让人炫目，来不及反应。并购是要钱的，连续不断的快速并购更需要钱。维旺迪的钱哪来的？除了借贷还有就是卖自己公司的股票。

维旺迪并购资金的大头来自贷款。但因为维旺迪不停地吃进公司，它的负债率就高得吓人。又因为维旺迪所买的大多数企业都属于传媒业，传媒业一个特色就是烧钱，运营成本一下子就升高了。负债率、运营成本的双高，可想而知，没几年维旺迪的财务状况就惨不忍睹，它要再贷款就很难贷得到。

为了筹钱，梅西耶把主意打到了水务公司上，他开始卖水务公司的股票。

[1] 印伟：《维旺迪 CEO：从神坛到地狱》，《IT 经理人商业周刊》，2002 年第 10 期，第 25 页。

这个消息一放出来，法国政坛就炸锅了，觉得梅西耶这是自毁民族品牌。通用水务可是有纯正法国血统、拿破仑遗风的企业！卖通用水务，法国人不仅情感上受不了，利益上也受不了。这样公开售卖水务公司的股票，要是被哪个外资买去了，法国的公共供水也会受制于人。

就这样梅西耶被联合请了出去。无奈之下梅西耶只得卷起铺盖辞职，他倒好，拍拍屁股走人，留下来一堆债务包袱让法国政府最后出面来解决。

五十八、兑卦

上汽整合双龙遭抵制：出门做生意要能镇得住场子

卦意小解

兑是悦的通假字。兑卦其实就是关注“悦”在趋吉避凶时候的作用。兑卦一如既往地在展开之前先定了个基调，它说到保持愉悦就会亨通。

要用愉悦来保持亨通，一个秘诀在于“刚中柔外”，就是外圆内方。外圆能够让你做到跟别人和睦、诚信地相处，这样你就能够和别人共享愉悦。“内方”会让你头脑清楚、心态端正。

引申到管理上，是说上级在管理下级的时候，要注意下级的欢愉，下级欢愉了就会觉得你的管理是好的，也就服从管理了，其实是用欢愉导向信服。在管理上“柔外”是手段，本质在“刚中”，这个“刚中”是实打实的力量，只有强有力的治理才能满足民众的需求，也才会使得人们欢愉并且信服。

案例

“刚中柔外”用到做生意上就是说，你自己有实力、讲原则、有底线，才能有商业交往的坚实基础；然后若待人友善，大家都来帮你，你就可以比别人更快地盖起事业大厦。上汽并购韩国双龙汽车之后，一而再、再而三地被双龙一方要挟，双方闹得非常不愉快，根本原因就是上汽在双龙的话语权比较弱的时候没有处理好和双龙工会的关系。上汽“刚中”上做得不够，“柔外”的手法也欠缺，导致后来在整合的持久战中被拖得精疲力竭。

上汽是我国的汽车工业巨头之一，它最初的发展思路基本上是依靠“引进来”的方式，通过跟德国大众、美国通用进行合资谋求快速发展。但是“引进来”的发展道路有个问题，就是很难通过合资获取对方的核心技术，所以即使合资多年，上汽还是受限制。这时“走出去”就显得重要，通过国际并购来获取技术就是上汽继“引进来”之后的另一个战略转向。2003 年上汽下属的上汽汇众给集团提交了一份收购韩国双龙汽车的构想报告，这个报告后来就成了上汽收购双龙的引子[1]。

双龙汽车在韩国汽车生产企业中大概能排到第四位，主要生产中高档越野车及房车，韩国市场一半左右的越野车都是双龙生产的。双龙汽车是 20 世纪 50 年代左右起来的，在 90 年代末的亚洲金融风暴中因为投资不善，导致出现很大问题，1997 年被大宇收购。大宇解散之后，双龙又一次独立出来，但独立之后的双龙发展缺乏后劲，双龙的债权团就打算出手公司股票。2003 年下半年，通用、雷诺、雪铁龙、上汽等都去投标，7 月份上汽被选中，当时上汽耗资 5 亿美元收购了双龙 48.92% 的股权，后来又把持股比例上升到 50.91%。那么这个并购结果如何呢？做并购的人有个口头禅叫“并购三年看成败”，到了 2009 年来看，

[1]“上汽董事长谈双龙危机：对韩国工会文化缺乏认识”，http://news.hexun.com/2009-02-09/114205311.html。

上汽并购双龙就是以失败告终的[1]。

在分析上汽失败原因之前，我们先看看双龙在上汽眼中有什么价值。上汽并购双龙，主要还是希望能够通过并购提高自己的研发能力，进而打造自己的品牌；除此之外，鉴于双龙在韩国越野车市场上的独霸一方，争夺市场就成为另一个主要目的。显然，这两个目标愿景是很好的。但是双龙能够给上汽想要的吗？这个其实是要打折扣的。

首先，从获取技术这个层面上讲，双龙不是一个优质的合作伙伴。双龙在技术上并不强势，它在柴油动力方面的技术和配件是奔驰提供的，这就说明它的品牌知名度和制造技术存在很强的依附性。

其次，双龙虽然是一个生产越野车的大户，但那是基于韩国这个小市场而言的，在韩国国内可以，但是在国际市场上优势就不明显了。双龙在韩国国内还有一个优势，它所生产的越野车是柴油型的，而韩国政府一直对柴油有很高的补贴，这一部分成本就被政治优势抵消掉了。但是上汽并购双龙之后，当时油价高，韩国政府停掉了柴油补贴，这对上汽而言代价就增大了。

最后，双龙的运营成本很高。双龙生产一辆汽车的人工费大概是3万韩元，这个成本占据整车价格的20%[2]。

但这些打了折扣的价值也还是值得争取的，因为双龙的技术还是有可取性的，即使它在技术上依赖奔驰，但上汽要是能拿到这个技术也是大功一件。“走出去”的目的是“拿回来”，对于上汽而言，双龙的价值在于能够利用双龙的技术和生产线在国内生产自己的品牌。但是上汽花了大力气“走出去”，但是却没能够“拿回来”东西。这个失败就失败在双龙工会的不满上面。

---

[1] 冯亚楠、马东梅、姚瑞婷：《中国企业海外并购研究——以上汽集团收购韩国双龙为例》，《管理学家》，2003年第1期。

[2] 黄慧：《从上汽－韩国双龙事件看我国对外投资——国内汽车业首个跨国并购案评析》，《上海商学院学报》，2009年第10期。

双龙工会从上汽一开始并购谈判的时候就制造各种压力。2004 年 7 月，上汽被双龙汽车债权团选为有限谈判对象，双龙的工会立刻就举行了一次罢工。工会提出要参与董事会决策、保证员工利益、提高公司、缩短工作时间，上汽当时就很无奈，在跟债权团签收购协议之前，先跟工会签了保障双龙员工雇佣条件的特别协议 [1]。上汽入主双龙之后在 2005 年发布了 S–100 项目，双龙工会又一次反弹了，他们觉得这是要把韩国技术转移到中国，威胁韩国工会成员的就业安全。前前后后好几次大的罢工，使得上汽的几项重要的战略计划都胎死腹中。

为什么一个小小的双龙工会就能够让上汽满头包？这个根子其实是双龙工会太强。双龙工会的强大跟双龙独特的发展史有关系。1999 年双龙被债权团接管之后，双龙一直是依靠工人自治来维持企业运转的，这也是双龙工会强大的最主要原因。当时从一线工人里成长起来的社长苏镇琯带着双龙的 6000 多号员工在韩国越野车市场上攻城略地，占了一半的江山，这种草头王的威望对于外来的接管者是可怕的。上汽虽然控制着双龙，但是在双龙里面说话有人听的却是苏镇琯。上汽后来不小心犯了一个错误，就是在整合初期没多久就把苏镇琯给换掉了。被苏镇琯这个牌子掩盖的自治力量一下子就爆发出来了，这也是 2006 年换了苏镇琯之后双龙的工会斗争愈加激烈的一个主要原因。

除此之外，不得不承认，上汽这种“以资金换技术”的并购思路，对于经营双龙汽车而言，非常容易挑起工人们的纠纷。当时上汽为了把技术拿回国，做了双龙的“输血机器”，耗费了很大的代价，但是并不关注管理上的问题。双龙一方就觉得上汽“只想要技术，不管韩国员工死活”。这样一来，一个恶

[1]“上汽授权韩国双龙现任领导层与工会签订特别协议”，http://finance.sina.com.cn/roll/20041019/09501089054.shtml。

性循环就开始了，工人总是担心自己失业，所以对上汽的管理就非常不服从，先是言语上的不忿，进而演变为肢体冲突，由此产生的众多争斗，最终拖得上汽完全失去了对双龙的控制权，之前投入的资金也多半打了水漂，最后以失败告终。

五十九、涣卦

俄罗斯铝业扩张：有根基才能稳扎稳打

卦意小解

涣在兑之后，兑是愉悦，但愉悦过头了就是涣散。涣卦说的是处于离散的状态下怎么控制这种散。

怎么让散变得吉祥？这就要做到“治乎散，亦本于中”，这个“中”就是内在，是聚散的根本，治散抓住根本就行了。一个组织散没散不能看外表的结构，要看这个组织里的人心，如果人心聚拢，那么就是形散神不散，这就是亨通之象。

案例

治理涣散的局面，一个精要就是“中”。对于经营企业而言，这个“中”就是要保有企业自己的核心，“中”就是企业最不可替代的、赖以生存的那个东西。

找到这个“中”,好好守住它自然就会慢慢做大。俄罗斯铝业基于产业整合的并购,就走了一条将控制力顺着产业链往上蔓延的路子,它一步步加强自己的“中”[1]。

在分析俄罗斯铝业公司沿着产业链实施并购这一路径之前,我们先看一下铝产品的产业链各环节的顺序以及利润流向。铝是仅次于钢铁的一种金属材料,造价低、耐腐蚀、可再利用的优势使得它的市场需求一直比较旺盛。一个完整的铝工业系统产业链条上基本包括六环:铝土矿－氧化铝－电解铝－铝加工－铝应用－再生铝。对于这个铝工业而言,原材料就是那个“中”,铝土矿、氧化铝、电解铝在某种意义上都算原材料,铝土矿是氧化铝的原料,而氧化铝又是电解铝的原料,有了电解铝就能生产合金和板材用的铝锭。在整个系统中,原材料的成本是递进的,氧化铝的生产成本中有30%是消耗在铝土矿上,而在生产电解铝的时候40%的成本是花在氧化铝上。这导致的一个结果是铝矿的价格会影响氧化铝的价格,而氧化铝的价格又会影响电解铝的价格。如果铝土矿是价格传递的最开始,那么又是谁影响铝土矿的价格呢?这个就取决于消费铝加工品的各种行业需求。

如果需求旺盛,那么掌握原材料的企业相比加工企业就有更多的话语权了。所以如果在这一行中,企业一开始是做加工、销售的,那么它为了不被牵着鼻子走,一般都会倾向于慢慢往链条上面游动。很多产业里,做经销的人最后做大了基本都走向控制工厂的道路,这个道理是一样的,其实还是为了稳定成本,确保利润,免得在市场需求旺盛的时候被上游趁机敲竹杠。俄罗斯铝业并购走的就是这样一条发展道路,它就是借助并购的手法实现了资源的快速整合。

俄罗斯铝业成立于2000年,由俄罗斯几个大铝厂合并而成。俄罗斯的铝工业基本上是在苏联的基础上发展起来的,苏联时期军工业的发展促进了俄罗斯铝业的兴盛,在苏联解体之后,原来的那些企业就将市场转向海外。但俄罗斯

[1] 张瑾、廖运凤:《资源型并购典型案例分析——俄罗斯铝业公司并购案例》,《经济研究导刊》,2009年第19期,第53页。

境内的氧化铝原料又不够，所以在苏联废墟上站起来的俄罗斯的铝工业发展大多是走来料加工的路子，大多是从乌克兰等地进口氧化铝，然后在俄罗斯的加工厂加工成成品，接着再卖到国外。来料加工赚的是辛苦钱，只要一停下来就没有钱赚，而且非常容易随着产业格局转移而被替代，如果俄罗斯想在铝业的高利润市场分一杯羹，想不受制约、自己做大，那么必定就要解决原料供应问题。[1]

俄罗斯铝业在这个问题上采取的是两步走战略：第一步先通过重组实现规模经济，进而强化自己的国内地位；第二步则通过走出去战略，在国际上并购了一些重要的氧化铝生产商以及矿产企业，通过纵向一体化提高在国际市场上的竞争力。跟一些冒进的企业不同的是，俄罗斯铝业在走出去之前先把内功练好了，这有点“攘外必先安内”的意思。因为俄罗斯本土的原料并不够用，所以俄罗斯就要四面出击，但是在出击之前，它做足了功课。

在开始实施海外并购之前，俄罗斯铝业先行在国内实施了一系列重组，并购了国内几家大的冶炼厂和精炼厂，并且将全俄铝镁研究院等科研机构招致麾下，这种整合最大的好处就是扩大了企业规模，通过规模经济效应实现成本的削减，进而加速资本的有效性。

在手上有了足够的资本之后，俄罗斯大举进军海外，主要围绕着整个产业链进行资源的再一次整合。2006 年跟瑞士的嘉能可、西伯利亚乌拉尔铝业公司达成收购协议，正式组建俄罗斯铝业联合公司。嘉能可和乌拉尔铝业公司不仅在氧化铝和铝土矿上有优势，还在全球各地经营其他金属矿产，这就使得新成立的俄罗斯铝业联合公司能够实现全方位的发展。除此之外，俄罗斯铝业还通过收购非洲的几家矿业公司实现了对矿产原料的控制。

俄罗斯铝业通过对产业链的垂直整合，掌握了从铝土矿、氧化铝精炼到铝冶炼的核心资源，目前已经是全球第一大原铝生产商，也成为全球铝业的领跑者。

[1] 罗德先:《俄罗斯组建俄罗斯铝业联合公司》,《资源再生》, 2007 年第 4 期。

六十、节卦

华源帝国的倒塌：玩太大容易把自己套进去

卦意小解

节在涣后面，散要是没有得到有效遏制最后就会演变为消亡。节其实主要是针对散来说的，根本在于强调适度、节制。节卦说的就是这样节制的艺术。

节制会带来亨通，因为节制本质上是一种比较谨慎保守的策略，从实用的角度看它的安全系数其实很高，做一件安全系数高的事情，基本都会顺利。节其实就是节制、泰然、安定，说白了就是处事不惊，平淡之中见真章，这就了不起了，有这种心态一般做事都很亨通。

案例

在经济交往中，节制是一个很重要的美德。对一个企业而言，在繁荣的时候活得好，在萧条的时候也要活得好。这就需要企业在经营中不仅要理智，还要懂节制。华源集团通过并购快速扩张之后轰然倒地，其中有一个根本原因，就是它在扩张的时候没有节制地使用短债长投的高风险资本经营手段，而这种高风险手段在融资环境变差之后，直接导致了整个集团资金链的断裂。

华源集团以前是国资委直属的特大型企业集团，旗下曾有华源发展、华源股份、华源制药、上海医药等一批上市公司，业务横跨医药行业和纺织行业。1992 年成立的时候华源的资产只有一个多亿，开始主要做纺织业，后来拓展到医药行业。1995 年它收购了几家龙头企业，逐步成长为一个大规模集团企业。到了 2005 年，华源集团资金链就变得很紧张，因为到期未能偿还贷款，当年 9 月份上海银行、浦发银行等几家机构联合对华源提起诉讼，诉讼金额有十几亿元，上海二中院裁定冻结华源集团以及担保集团的银行存款，并查封冻结了相当一部分子公司的股权，华源起来用了 13 年，倒下也就是几个月的时间。这里面的核心原因就是华源扩张的时候没有注意节制。

华源在 2005 年陷入危机的一个根本原因是它采取的扩张手段风险太大，宏观上一紧缩，它的资金链就出问题了。要快速发展，企业就得有钱，对于华源来说这个钱的大头来自短期贷款，华源为什么扩张得很快，它整个扩张过程就是把短期贷款的钱拿去进行长期的股权投资，这就是我们常讲的短债长投。当然短债长投有个好处，就是成本低、速度快。但也有两个致命缺点：一个是导致企业的负债率高，负债率一高企业的主动权就弱，这时候生死就得看债权人；另一个是会导致企业抗风险能力变差，短债长投的操作手法会把资金链绷得很紧，这时候有点风吹草动，比如宏观政策紧缩一下、或者出个什么突发事件，原本绷得很紧的资金链就容易断。

明智的企业会把这个视为过渡时期的手段，华源不仅在后续的发展中没有适当地调整策略，而且还有点变本加厉，这从它接连耗巨资收购两家药业巨头的行为上就能看出来。接二连三密集的收购，导致华源不得不需要通过持续的短期融资来保持长期投资需求，并且还款支付的现金还不能高于借款收到的现金，这个游戏越往后难度越大，华源为了不摔倒，不得不在短期融资上跑得越来越快，最后把自己累死了。华源的资金链越绷越紧，到了2004年的时候，就出现了一系列恶性循环。当时整体的融资环境就发生变化了，银行开始捂着钱袋子。2005年的时候华源资金链就应声断裂了，债务危机一下子就爆发了。

除了这个本质上的缺陷以外，华源在经营上也有一个大问题，就是一路并购下来战线铺得太散。在最开始华源发展起来跟浦东开发的机遇密切相关，中共十四大开完之后，上海很支持轻工业，华源主打纺织业也是基于国际贸易和对外出口，当时也做得很踏实。1995年之后，华源就开始走上资本运营的道路，到了1999年，发展的速度就非常快，2001年确定将大生命产业作为核心产业之后，华源就着力发展医药。先后并购了上海医药、北京医药，并扩张到医药零售、医院终端上，但是在这些一连串的并购之后，华源在资源整合上却做得差强人意。最后的局面是，华源有很多医药企业，但是却没有大牌子，也没有独特的业务线。如果华源整合做得好，快速通过并购企业的利润积累来解决集团的资金紧张，或许还能有一线生机，可惜的是，华源到最后都没能实现这一点。

六十一、中孚卦

费伦第并购被骗：看文件要记得验真假

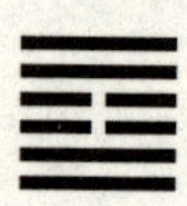

卦意小解

中孚在节后面，这是强调有节制，就能更好地走中庸之道。中孚就是强调诚信，没有小计谋、小算计的诚信，是吉祥的。

中孚的核心就是说与人交往的时候要“中心诚信”。跟人交往要保持诚信，即便被别人误会、有了矛盾的时候，也要把握好自己的分寸。不食言，但是也不固执，发自内心地以诚待人，这样做事一定亨通。但在诚信待人的时候，还要注意分辨别人是否诚信，这就需要头脑清楚、眼光锐利。

案例

并购时有的参与者总倾向于给别的合作者下套。为把企业卖个好价钱，在一些核心问题上就动歪脑子，让并购方花大价钱吃大亏。如何防止被骗呢？这就需要主导并购的企业在自己讲诚信的同时要学会分辨，不仅在业务上要有火眼金睛，还要在交往中人情练达，尽可能多地掌握对方商业、财务和法律上的各种信息，防止被欺骗。英国费伦第公司在并购ISC的时候没有擦亮眼睛，虽然他们聘请毕马威会计师事务所做顾问，但还是被骗了，之后没过几年就破产了。

费伦第公司是由塞巴斯蒂安·费伦第在1882年创立的，该公司早期主要以独立开发的交流发电机声名远播，是英国做交流发电机比较有名的少数几个公司之一[1]。之后开发的电力仪表使得费伦第成为英国许多电力公司的设备供应商，之后费伦第开始涉足厂房配电系统，并在1890年建立自己的现代化供电站，主导了很多高压交流电站的建设工作，后来又从电力设备的开发与生产转向电力机械开发。这些技术积累使得费伦第在两次世界大战中成为英国军工雷达、航空电站设备等军用品的一个主要供应商，战后则主攻数字化战场信息系统。20世纪50年代以来，费伦第甚至垄断了英国空军的雷达与导航系统的产品供应。战后费伦第除了在导航系统上颇有作为之外，还在电光学领域多有建树，它自主研发的激光测距仪以及单兵便携指示器成功地打入了英国陆军，并在第一次海湾战争中被广泛应用。

在军工领域取得飞速成功之后，费伦第加快了扩张步伐，在20世纪80年代逐步进入工业电子、半导体以及信号控制领域，并尝试进入美国本土市场，这时候费伦第看上了美国一家叫国际信号控制公司（ISC）的美国国防部承包商，把它买了下来，但正是这一次并购使得费伦第后面的日子过得苦不堪言，因为它完全被骗了。

这家国际信号控制公司是由詹姆斯·卡介苗在1971年创立的，它的总部在美国宾夕法尼亚，是一家专门生产军用高科技传感器、光学设备的电子公司。ISC一直宣称自己是美国国家安全局以及国防部的供应商，并主导美国对南非的

[1] http://en.wikipedia.org/wiki/Ferranti。

雷达和防空技术援助。当时卡介苗还有一个公司设立在南非，倒卖用于在好望角追踪苏联潜艇的相关仪器和设备，并且支持南非发展核技术。

ISC 在跟费伦第洽谈的时候拿出了当时与美国政府还有相关政府的供应合同，这些合同显示出 ISC 有强劲的人脉和销售实力，能够帮助费伦第扩张海外市场。当时费伦第聘请毕马威作审计的时候并没有怀疑这些合同的真实性，觉得自己找了一个优质的合作伙伴，暗自窃喜，还把这个信息公布在当年的年报里。

之后的交易双方皆大欢喜，但没过多久费伦第就发现，事实并非如此，很多合同是伪造的。一个直接后果是费伦第之前的钱打了水漂，也因此遇到了危机[1]。因为卡介苗本人因为牵扯进了非法的武器销售，费伦第因此也被拖进官方调查中，这就使得费伦第被拖入了一个黑洞里。费伦第从一开始就没有看出来这个大风险，不仅成了可怜的接盘人，还把自己搭了进去，这件事情之后不到两年，费伦第就破产了。

[1]“ISC/费伦第丑闻”，http://www.jacobsmeyer.com/Marquardt/Appendix%20A.htm。

六十二、小过卦

新浪击退盛大的恶意并购：关键时候靠得住，小毛病就可以被原谅

卦意小解

中孚后面是小过。小过的主旨是只要心中有诚信，即使有小的过错，最后也没什么凶险。

在《易经》看来，小事上的过错，只要不损害大节，其实在某种程度上是可以容忍的。那么怎么判断哪些过错是小过错？这就要看清楚自己的位子，也就是看清楚自己的实力，这样才能清楚哪些事对自己而言是小事、哪些事是大事。小过的深意就是让我们分清楚轻重缓急，这样在做事的时候才能做到抓大放小，不会因为老是纠结小失误而影响自己事业发展。

案例

现今在公司治理中其实有很多矛盾，没有一家公司能够避免内部争斗，也无法完全消弭利益摩擦，甚至很多企业里面本身就是派系庞杂、山头林立。这个很正常，但是小过卦告诉我们，窝里斗得再凶，在遇到外部力量侵入时还是要遵循“共同对外”这一原则，如果做到这一点那么内斗就仅仅是“小过”。新浪对抗盛大的恶意并购就是个绝佳的例子。新浪是出了名的股权分散、内部派别林立，但在遇到盛大恶意并购的时候，还能够保持一致对外，这也是为什么新浪近几年发展势头不够，但是依然一方独大的一个原因。

2005年初，盛大悄无声息地购入了新浪19.5%的股票，在打算进一步控制新浪的时候，新浪整体对外，采取“毒丸计划”打消了盛大的并购意图。在解释新浪“毒丸计划”之前，我们先理顺一个问题，即盛大为什么看上新浪？整个2004年，盛大一直在忙一件事，就是坐稳自己在网游行业中的位子，盛大在自主研发上很弱，所以它耗费了大量的精力接连收购了几家游戏开发商。到2005年的时候，盛大就稍稍喘了一口气，年初发布战略规划的时候，就打算扩张进入网络电视行业。盛大要打造数字娱乐帝国，这就远远超出了游戏产业能够支撑的范围了，网游市场并不能引领盛大的这个转型，加之社会上对于网游持一种批判态度，导致网游的形象不够正面。而新浪的网络广告、无线增值、即时通等显然跟盛大是互补的，要是能吃下新浪，盛大无疑是如虎添翼。

除了双方力量互补之外，新浪在经营上还有个特点就是股权结构相对分散，管理层控制力较弱。整个新浪内部人和管理层的持股比例加起来也只有十分之一多一点，新浪最大的股东占股比例也只有9.1%，段永基、曹德丰、姜丰年几个人的持股比例也很分散。持股一分散，董事会里就容易山头林立，内讧一多就容易被从外部击破。这也是造成盛大能悄然无声购入大量股票而不被新浪管理层发觉的一个原因。

2005 年 1 月份，盛大控股的地平线传媒公司在公开股票交易中开始购买新浪股票，到了 2 月 18 日的时候，盛大手里有新浪发行股的 19.5%，盛大明显就是在做收购了。

第二天，新浪出来做了正式声明，主要是强调新浪没有被收购，这个声明就是一个抵抗的公开信号。第三天也就是 22 日，新浪发表声明宣布，董事会采纳了“毒丸计划”打算反击。

“毒丸计划”是美国一个叫马丁 · 利普顿的律师在 1982 年发明的，它的学名叫“股权摊薄反收购措施”，这种措施一个最主要策略就是通过各种手段稀释收购者所持有的股份。操作起来也简单，基本的做法是：假设我不想自己的公司被收购，但是收购的人又来势汹汹买了我很多股，这个时候现有的股东随时可以用较低的价格买我公司的股票和债券，这样收购人手上持有的股票比例就被我人为地缩小了，对方再想通过收购达到相应的持股比例就得付出很大代价。

新浪的“毒丸计划”是，只要盛大一方再收购 0.5% 的新浪股权，新浪的其他股东们就可以按照相应的持股数半价收购新浪普通股。这个“毒丸计划”还是比较有效的，在 2006 年盛大就开始逐步出售手中的新浪股票，到了 2007 年 5 月份，盛大套现之后完全退出，新浪成功捍卫了自己的利益。

即使新浪有不同的派系，但是在击退盛大的过程中，内部分庭抗礼的势力并没有与外部力量联手，这也是“毒丸计划”能成功的一个很重要原因。

六十三、既济卦

惠普康柏整合难：笑到最后的才叫赢家

卦意小解

既是已经，济指代渡河，合起来理解就是已经渡过河了，比喻一件事情已经做完了，有大功告成的含义在里面。但既济强调一点，就是在渡过河之后要小心“初吉终乱”的情况。一件事情做成了，其实并不是完整的一个结束，它只是小亨通，这个时候其实还是靠不住的，还要再把眼光看长远一点。如果这时候觉得大功告成、可以躺下休息了，其实是有危险的，这个时候你要是停下来，那就会“初吉终乱”。

要避免“初吉终乱”一个关键就是：心要稳！这时候你处于一种不安稳的成功大环境，所以不要为一些小失小得乱了阵脚。心稳就能分得清轻重，有长远的谋划。心稳就能筹谋长远，才能为将来的危机多做打算。

总体而言，在既济卦看来，盛极必衰、治极必乱，成功后若不好好经营也会一败涂地，所以眼光要长远，行事要谨慎，这才是长久之计。

案例

做并购，其实要多看看既济这一卦。对于并购来说，什么时候算成功？按照既济卦的理解，真正的成功是你达到自己的目的，对于并购而言就是实现了并购行为带来的稳定的利润扩张，这个才勉强可以算是成功了。只有这时你才能够计划给自己放长假。在2005年，惠普原CEO卡莉·菲奥莉娜还没来得及给自己放长假，就已经被董事会炒了鱿鱼，其实就是2002年菲奥莉娜主导惠普合并康柏时埋下的祸根。

菲奥莉娜在进入惠普做CEO前曾在朗讯工作了很长时间，在她的领导下，朗讯发展得很好，漂亮的业绩让惠普对她刮目相看。惠普当时觉得自己机构臃肿，内部人利益纠葛严重影响公司发展，所以就聘用了菲奥莉娜做公司的CEO，菲奥莉娜就成为惠普史上第一个外部聘用的空降CEO。菲奥莉娜在1997年加盟惠普，对公司进行了大规模的改革，并一手促成了惠普和康柏的合并。当时的交易很顺利，结果不到三年，菲奥莉娜就因为整合不力、业绩不佳栽在这个上面，最终落到了“初吉终乱”这个陷阱里，拿了一笔遣散费之后走人了之。

惠普和康柏的合并一度被认为是当时IT行业最大的并购案，惠普在2001年9月份宣布，经过8个月的谈判准备，惠普已经跟康柏达成了合并协议，两家通过换股的方式实现合并，这一次合并涉及的金额大约在250亿美元，并在2002年3月份得到了美国政府的批准。

合并之前，惠普已经是全球领先的计算机巨头，在电脑、打印机和服务器行业都首屈一指，当时的CEO菲奥莉娜一直希望能够进入电子化服务市场，发展咨询和服务业务。康柏当时是全球第二大计算机公司，算得上是全球最大的系统供应商，信息服务系统也做得比较出色。从公开的材料能看出来，惠普合并康柏的首要目的是要尝试抗击戴尔和IBM的硬件业务，进而争夺IT服务市场。菲奥莉娜对这次合并信心十足，认为和康柏的合并能够快速整合两家资源，实现交叉销售和技术互补，并且可以形成规模来降低成本、提高利润。但显然，合并之后的效果远远没有达到菲奥莉娜的期望，最终还导致自己被扫地出门。

为什么合并交易很顺利，菲奥莉娜却还是被炒掉了呢？就是后面整合不力使得菲奥莉娜陷入了“初吉终乱”的局面，这里面至少有三个层面的原因。

第一层原因在于菲奥莉娜合并战略的实际操作性难度太大。惠普试图通过并购康柏以期在硬件业务上超过戴尔和IBM，但这个目标能否实现，取决于合并之后的新惠普是否能够成功抵消戴尔或者IBM的优势。以戴尔为例，它在计算机业务上之所以做大，在于领先的直销和零库存优势。而惠普和康柏的业务很多是重合的，渠道也是相似的，在硬件业务上康柏就是另一个惠普，惠普合并了跟自己一个模子刻出来的企业，只是相当于把自己的体积扩大了一倍而已，这完全无法抗衡戴尔的优势。而且这种简单的体量合并要想发挥规模优势就得依赖整合的成功，菲奥莉娜在合并后期的整合是不成功的，这就是我们要说到的第二层原因。

第二层原因就是合并之后的整合不力。一个最明显的表现是，并购结束之后菲奥莉娜立刻就对康柏进行整合，整合的速度也非常快，在一个多月内牵扯到变动的岗位约有10万多个，这种雷厉风行的整合速度是考虑到整合时间太长带来的不确定会造成员工焦虑以及工作效率降低，但却忽视了太快的整合速度会给日后经营带来很多潜在风险，那段动乱期，新惠普只顾着整合，业绩惨不忍睹，这就给了别人攻击菲奥莉娜的机会。

第三层原因是菲奥莉娜的改革过于大刀阔斧了。菲奥莉娜在并购康柏之前，先在惠普内部做了一次大改革，程度深得几乎到了伤筋动骨的地步。这种大规模改革对主导者有一个很高的要求，就是不能有失误，因为只要失误一次，那些被触动利益的人就会联合起来推翻原有的改革。

菲奥莉娜的内部大规模改革就把自己推上了一个很尴尬的境地。首先，大规模的改革肯定会影响公司业绩，这会让人们怀疑菲奥莉娜的能力；其次，她是一个空降的CEO，也就是说她本来就是一个外来者，我们古人说过“疏不间亲”，对于空降CEO最安全的手段，应该是先做业绩再做改革，这样在触动一些人的利益的时候就不会有软肋给别人攻击；最后，她彻底打翻了惠普的治理模式，却没有很好地重建。菲奥莉娜在惠普既没有根基，也没有同盟者，改革的效果可想而知。

结果刚动完内部，没有任何喘息机会，菲奥莉娜就开始了和康柏的合并，这导致在她主政的时候，惠普给外人的感觉就是一个字“乱”。她试图通过强硬手段来控制由自己引起的动荡局面，但是却用错了地方，并没有压住大局面的动荡。在菲奥莉娜主导合并康柏的时候，惠普董事会成员沃尔特就站出来公开反对，虽然这个反对被菲奥莉娜强硬压下去了，但是这种公开对抗的一个后果就是菲奥莉娜只要在并购案中表现不佳，就容易被秋后算账。事实上，最后菲奥莉娜的确被秋后算账了，不到三年就因为并购遗留问题和业绩不佳被董事会请出了惠普公司，即使她拿到了高额的遣散费，但要知道现金是最没有价值的一种财富表现形式，这次经历成为她永远也无法在简历上抹去的一次职业生涯的大失败。

六十四、未济卦

中海油并购先输后赢：吃过亏人才更智慧

卦意小解

未济是《易经》的最后一卦，很有深意，说的反而是事情还没有完成。未济的深意是说事物的发展是无穷尽的，所以没有最后，所谓的终结也仅仅是一个新开始。看似有结果的事情，如果不注意，其实在未来也会被反转的。

未济的真意是说一切都是未完成的，所以要自强不息、努力向前看。自强不息，就能从昨天的失败中走出来，迎接明天的胜利。整个六十四卦，从天行健的乾卦开始到未济，其实又回到最初的君子自强不息。

案例

对于做并购的人而言，失败是很常见的，革命尚未成功、同志仍须努力，这时候只要努力方向是对的，就会离未来的成功越来越近。中海油海外并购一败一成的例子，很恰当地诠释了未济卦所要强调的这个道理。2005 年，中海洋石油总公司收购优尼科面临重大的政治阻力而失败，但是到了 2012 年，中海油则再次以 151 亿美元收购加拿大尼克森公司，最终获得加拿大政府的批准。失败并不是结束，将它视为前进道路上的一个磨砺，这就是未济的一个极好的注解。

2005 年 6 月 23 日，中海油向优尼科发出收购要约，打算以每股 67 美元的价格通过全额现金支付的方式并购优尼科。但要约发出去之后第二天，美国就有 40 多位国会议员提议要对中海油这个并购方案进行审查，因为他们明确提出这项收购可能“影响美国国家安全”，强调要求政府反对中海油的收购。之后美国参、众两院联席委员投票决定把中海油的收购评估推迟，并在 7 月份通过了对于中海油而言更加严苛的能源法案，8 月份中海油无奈撤回了对优尼科的收购要约，放弃了这次跨国并购。中海油的这一次收购要约总金额在 185 亿美元，这个报价比当时竞争对手雪佛龙报价高了 14 亿美元。又因为中海油大部分股票是非流通股，所以收购的形式采取的是全部现金支付，比雪佛龙 40% 现金加 60% 的股票支付形式要有吸引力。由于美国政界的阻挠以及美国国内的抵制，中海油即使有相当大的竞争优势，在各方压力下也只能退出了并购竞争。

为什么美国政坛对中海油并购优尼科如此敏感？这其中有两个原因。

第一是石油资源的战略意义。能源尤其是石油能源是现代世界的一项重要战略物资，关系国家经济安全。优尼科不仅有一些石油勘探项目跟军事目的挂钩，而且在印尼有大量的天然气储备，而印尼的天然气很大一部分是输往中国台湾，这就会影响到台海局势 [1]。

第二则是美国感到自己受到威胁。在我国经济实现飞速发展之后，在美国以及西方世界“中国威胁论”就很有市场，他们非常担心崛起的中国会抢占资源，

[1] 叶渠茂、蒋红军:《中海油并购优尼科的政治经济学分析》,《理论月刊》，2006 年第 8 期。

而并购优尼科显然又涉及石油这么敏感的战略资源，所以美国人就很警惕[1]。

从并购优尼科遇到的阻力来看，政治外交关系对于经济关系有时候会产生负作用，如何很好地利用政治关系为经济利益服务，这是中海油在优尼科中学到的最深刻的教训。

在吸取了第一次的经验教训之后，中海油的第二次超级并购则显得顺利得多了。在2012年底的时候，中海油以151亿美元收购了加拿大的尼克森公司100%股票，并承担了43亿美元的债务。尼克森在多个海域有能源储备，除了常规的石油、天然气之外，还有油砂、页岩气等非常规能源储备，显然收购尼克森能给中海油带来更多的资源。在收购尼克森的过程中，加拿大政府同美国政府一样都延长了审批，加拿大政坛也是反对声迭起。但最终中海油顺利通过审批，这就是在第一次并购中成长起来了。

第二次之所以能顺利，这里面也有几个重要的原因。

第一，虽然收购尼克森也涉及战略资源，但是因为尼克森很大一部分资源是油砂，所以并不像石油那么受关注，而且尼克森本身急于寻找买家。

第二，加拿大当时最主要的反对者新民主党，并没有像美国国内顽固的保守势力一样通过国会立法来阻止中海油的并购，这也使得中海油稍稍降低了并购的客观难度。

当然，这都归功于中海油第二次并购时机选得恰当。中海油发出收购优尼科要约的时候，正值美国伊拉克战争、石油安全国内大讨论的敏感时刻，这时候中海油就很容易被政客们当作安全威胁的靶子；而在收购尼克森的时候大环境比较安稳，也就排除了这个影响因素。

从中海油一败一成的两次并购可以看出来，在失败的过程中吸取教训，迎接下一场成功，这其实是《易经》最后一卦留给我们的最深刻的卦意小解。

[1]"中海油竞购遇中国能源威胁论"，2005年6月26日，http://finance.qq.com/a/20050626/000038.htm。

PART 3

第三部分

《易经》的基础知识

一、《易经》的起源与影响

1.《易经》是谁写的?

关于《易经》这本书,后人有很多附会的东西。传说伏羲、黄帝和烈山都跟《易经》有关系,但史无可考。比较靠谱的作者有两个人,一个是周文王,一个是孔子。太史公司马迁在《报任安书》里讲过“文王拘而演周易”,说周文王把上古流传的八卦推演出来一个完整的体系,而孔子又在文王完善的那个体系上对周易进行了进一步的诠释和说明。周文王和孔子奠定了《易经》的知识结构之后,后世的王弼、孔颖达、朱熹都对整个知识架构进行了一定程度上的再次解读和翻新。

2. 关注《易经》的都是哪些人?

对《易经》的研究有两股力量,一股关注《易经》的哲学意义,一股关注《易经》的卜算意义。《四库全书 · 易类》曾对清朝及其以前专业研究《易经》的那些人做过一次大总结,认为研究《易经》虽然有那么纷繁的分支,但基本上都可以归为两大派。一派专门研究用《易经》怎么算卦,这一派被称为象术派。象术派兴盛于汉朝,后来主要是京房、陈抟等人做的工作,象术派后来逐步演变成通过《易经》体系来探索天地奥秘的一种方法。另一派不讲算卦讲卦,而是背后的大道理。从三国的王弼开始,到程颐、李光、杨万里都被称为易理派,主要讲《易经》的哲学意义。

3.《易经》的影响

东汉郑玄在《易论》认为“易一名而含三义：简易一也；变易二也；不易三也。”这句话总括了易的三种意思，“简易”是说易本身的结构很简单，阴阳二爻往来变化而已；“变易”则是说这里阴阳的些微变动都会造成不同的情势；“不易”则说这些变动本身又都是必然如此，不是随意和可以阻止变化的，也就是像规律一样亘古不易的。

正是由于《易经》具有很强的变易和不易特点，才上测天、下测地、中测人事，由此形成三才之道。最早《易经》被用来预测未来、决策国家大事。由于国家之事繁杂，所以《易经》内容上就包括了天文、地理、军事、文学、农学等多方面的知识。《易经》在中国古代实际也担负起了整个时代文化表征的意义，任何人都可以在《易经》中找到自己所需的那部分知识，而且由于这些知识是历史经验的总结，并与占卜相关，使得对人们的生产和生活活动都具有了相应的指导性。而在今天，人们之所以认为《易经》还能担负起指导性的功用，也是基于以往的历史经验的。

不管能不能认识到，《易经》对中国人的影响是很大的。《易经》对儒道两派思想家都有很深的影响，《易经》是儒家的群经之首，是道家的三玄之一。很多军事家、政治家也都对《易经》有过专门研究。老百姓都知道“自强不息”，“厚德载物”，“持盈保泰”，也一直在用这些思想来指导自己的生活实践。应该说《易经》是一门博大精深的学问，也是值得我们深入研究的学问。

二、《易经》的知识体系

1. 基本概念

《易经》由六十四卦组成。它的基础是太极，整个体系生成过程是：太极生两仪，两仪生四象，四象生八卦，八卦两两结合生成六十四卦。

太极

在《易经》看来，阴阳是宇宙最根本的基础，所以天地万物的运转都受到阴阳两股力量的互相牵制。所谓“一阴一阳之谓道”，阴阳合起来就是太极，太极形象地说明，阴与阳对立统一，互相制约又互相滋养，循环往复、生生不息。在太极的基础上化生出宇宙万物，所以事物的运转规律服从阴阳的关系逻辑。

图 1：太极

两仪与四象

阳仪“—”和阴仪“--”是八卦的最基本组成单元，也可以看作正和负、动和静。后人也说这是二进制的原型，其实也有一定道理，但是很多人也同意这是先民最初对太阳和月亮的象形表示，一个长横是太阳，两个短横是月亮。我们把它理解成阳和阴就可以了。阴阳合成太阴、太阳、少阴、少阳四象，这四象又合成八卦。

单卦

最初卦有八个，用阳和阴做基本单位，这些阳和阴单位从上到下排列起来就成为一卦，每一个阳或者阴在一卦里叫作爻，所以在卦象里面的“—”被称为阳爻，“--”则被称为阴爻，八卦是每三个爻组成的八组符号，分别称为乾、坤、坎、离、震、艮、巽、兑这八卦。这八卦代表自然界的相应事物，这八个事物分别是天、地、水、火、雷、山、风、泽。

为了记忆方便，古人还总结了歌诀：乾三连，坤六断；震仰盂（yú），艮覆碗；离中虚，坎中满；兑上缺，巽下断。

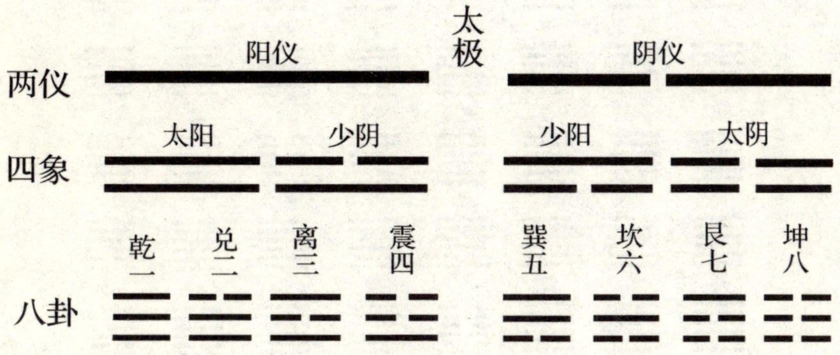

图 2：两仪、四象与八卦

复卦

单卦两两组合在一起就是复卦。八个单卦两两组合就形成了现在的六十四卦。六十四卦的卦名结合起来，也有一首歌诀，叫《卦名次序歌》。

乾坤屯蒙需讼师，比小畜兮履泰否；
同人大有谦豫随，蛊临观兮噬嗑贲；
剥复无妄大畜颐，大过坎离三十备。
咸恒遁兮及大壮，晋与明夷家人睽；
蹇解损益夬姤萃，升困井革鼎震继；
艮渐归妹丰旅巽，兑涣节兮中孚至；
小过既济兼未济，是为下经三十四。

图 3：六十四卦卦象

2. 卦的基本知识

单看卦的图片我们很难理解它要讲的东西，所以这些图片必须要有解释，这就有《易经》除了图片以外的文字体系。

卦名

首先每一卦图片都有一个名字，比如“乾”这就是卦的名字。《易经》一共有六十四卦，每个卦都有一个名字。我们上文的《卦名次序歌》就是把每个卦的名字连起来编成的歌谣。

卦辞

每个卦都除了名字之外，《易经》中还对每一个卦定了一个性，就是这个卦整体上来说是凶还是吉。

爻辞

每一卦都有六个单位，每一单位在卦中称为爻。爻辞就是对具体某一爻进行解释的文字。《易经》的六爻叫法上有点区别，它不从一叫到六，而是从下至上把六爻依次称为：初爻、二爻、三爻、四爻、五爻、上爻。又因为阳爻用九表示，阴爻用六表示，所以如果初爻是阳爻就把它叫作初九，上爻是阴爻就把它叫作上六。

三才

一个卦有六爻，最上面两爻表示天，中间两爻表示人，最下面两爻表示地。所以每一卦都是天、地、人三者的综合体。

十翼

光有这些基本的解释也很难理解，人们觉得不好懂，孔子就为每卦附上解说的词语，由此而有《易经》的《易传》。他把《易经》整个拿来翻译了一遍，后人把孔子解释易经的所有著述归纳为十部分，所以也称《易传》为“十翼”，也就是像《易经》的十个辅助的翅膀。

《彖传》：主要解释六十四卦卦名、卦辞和每一卦的主要意思。因为易经分了上、下经，所以《彖传》也就分为上、下两篇，共64节。

《象传》：也跟着《易经》上、下经分为上、下两篇，主要解释卦象和爻辞的意思。解释卦象的叫作《大象传》，解释每一爻爻辞的叫作《小象传》。

《文言》：共两节，主要是解说乾、坤两卦的意旨，故也称《乾文言》《坤文言》。是在《彖传》和《象传》的基础上所作的进一步阐发。

《系辞传》：主要是孔子学习《易经》的心得体会。

《说卦传》：阐述八卦取象大例的专论。

《序卦传》：主要解释六十四卦的排序原因。但是在解释中，有些解释的次序似乎并不是很顺畅，部分牵强附会。

《杂卦传》：将六十四卦重新编为32对“错综卦”，主要从正反相错的角度重新解释卦意。

后代人把《经》《传》合并，把《说卦传》《序卦传》《杂卦传》独立成章附录在后面，这就是我们现在看到的整个《易经》体系。

《易经》一书从其本源来说，就是古人占卜的汇集，这在《左传》《国语》等史籍中就有具体记载。不过，《易经》在流传中，占卜的色彩就慢慢被稀释了，人们开始探究《易经》的思想性。孔子曾深入研习了《易经》，传说孔子晚年喜爱《易经》，经常翻阅《易经》简书，以至于把连接竹简的牛皮带都弄断了，由此而有“韦编三绝”的成语。孔子不仅助推了《易经》在儒家的传播，而且改变了其单纯占卜的功能，使之成为深具教化世人如何谨慎行事的哲学思想。我们在前人对《易经》思想性的总结之上，提炼出来一个能够指导投资的理念，希望对后人有所帮助。

参考资料

（按照章节排序）

Hayenga, Marvin, and Robert Wisner. "Cargill's Acquisition of Continental Grain's Grain Merchandising Business." Review of Agricultural Economics22.1 (2000): 252-266.

邓小河:《并购有道:“思科”崛起的秘诀》,《中国信息导报》, 2000 年第 4 期, 第 28 页。

汪继峰:《思科的并购术》,《企业改革与管理》, 2001 年第 6 期, 第 38 页。

李惠、陈英、马利军:《思科公司的并购之道》,《新理财》, 2004 年第 1 期。

艾珍珍:《思科的并购艺术》,《企业管理》, 2004 年第 12 期, 第 13 页。

于培友、奚俊芳:《企业技术并购后整合中的知识转移研究》,《科研管理》, 2006 年第 27 期, 第 39—44 页。

杨琳桦、谭昊:《解密思科 32 亿美元并购网讯案》,《通信业与经济市场》, 2007 年第 3 期, 第 42—45 页。

汪新波:《思科并购成长的奥秘》,《中国新时代》, 2012 年第 11 期, 第 84—86 页。

赵自强、田甜:《基于技术生命周期的并购分析——以思科公司为例》,《财务与会计》, 2012 年第 11 期。

谭小兵:《当当内博外攻争做“中国亚马逊”》,《大经贸》,2004 年第 10 期,第 14 页。

张素娟:《卓越与当当, 亚马逊收购得与失》,《中国电子商务》, 2004 年第 12 期, 第 5 页。

李媚玲、王钊、邓攀:《卓越 VS. 当当嫁与不嫁都很无奈》,《数字商业时代》, 2004 年第 9 期, 第 56 页。

孙卓:《国际电子商务巨头亚马逊收编卓越网》,《中国新技术新产品精选》, 2004 年第 5 期, 第 32 页。

李媚玲、邓攀:《“争论”已是历史“卖掉”变成现实——卓越的“两副面孔”》,《数字商业时代》, 2004 年第 10 期, 第 52—55 页。

陈亮:《亚马逊牵手卓越 中国电子商务何去何从》,《互联网天地》, 2004 年第

11期，第36—38页。

俞渝:《俞渝：做中国的亚马逊》,《商务周刊》, 2005年第23期，第31页。

海子:《卓越被亚马逊收购之后》,《中国电子商务》, 2005年第9期，第4页。

李冠艺:《中国的 Amazon, 你够卓越吗？》,《电子商务世界》, 2006年第7期，第80页。

李杨:《卓越：消失于丛林？》,《上海信息化》, 2007年第7期，第9页。

[美]麦克尔·克雷格:《大手笔：美国历史上50起顶级并购交易》，海从、丁文正等译，北京：华夏出版社，2004年版。

[美]利文斯顿:《创业者：全世界最成功的技术公司初创的故事》，夏吉敏译，北京：机械工业出版社，2010年版。

高军:《企业变革的阻力及其应对策略》,《企业改革与管理》, 2009年第10期，第11—12页。

任小平:《通钢之痛：警钟为谁而鸣》,《中国工人》,2009年第10期,第20—23页。

严冬雪:《建龙：并购重组的十年》,《中国新闻周刊》, 2009年第29期，第38页。

关丽洁、孙瑞:《通钢事件与国企改革新阶段的思考》,《2009中国国有经济发展论坛——危机与变局中的国有经济学术研讨会论文集》, 2009年。

马华:《国有企业改制中的官方、资方与劳方——以“通钢事件”为视野》,《北方经济》, 2009年第23期，第27页。

王真荣:《从“通钢事件”谈必须尊重职工民主政治权利》,《胜利油田党校学报》, 2009年第22期。

刘晶瑶、李洪磊:《通钢悲剧与“被边缘”的职工》,《法制与经济》,2009年第15期，第40页。

杨静光:《从通钢“不通”看领导层决策之短》,《廉政瞭望》, 2009年第9期，第60—61页。

王亦晨:《浅谈“国退民进”的坎坷之路——以“建龙并购”通钢的事件为例》,《知识经济》, 2011年第9期，第114页。

吴敬堂、刘青山:《通钢老工人:“我为什么反对国企私有化”》,《国企》, 2011年第9期，第26页。

韩德明、朱安丽:《由“通钢事件”看国企改制中职工权益》,《现代商贸工业》,2011年第5期,第60—61页。

朱雪尘:《潍柴动力置身控制权拉锯战——谭旭光:“谁也和我无法比”》,《英才》,2006年第3期,第54—56页。

余芸春、王翠琴:《市场化定价成就巨额产业并购——关于湘火炬股权重组的分析》,《经济管理》,2006年第3期,第89—92页。

邱红光:《潍柴的并购智慧——潍柴动力吸收合并湘火炬案例分析》,《科学与财富》,2006年第11期,第106—108页。

徐扬彪、豆猛、周太贵:《“潍柴动力股份有限公司换股吸收合并湘火炬汽车集团股份有限公司”案例分析》,《中国科技博览》,2008年第19期,第24—25页。

孔鹏:《谭旭光:借力资本推动产业整合》,《新财富》,2008年第2期,第122—123页。

宋玮:《金融并购巅峰之战——荷兰银行收购案全景观》,《资本市场》,2007年第12期,第82—87页。

朱元倩、王凡、李辉雨:《股东利益至上的全球银行业最大并购案——荷兰银行被收购案分析》,《经济管理》,2008年第9期,第11—16页。

宋玮:《苏格兰皇家银行收购荷兰银行的全球巅峰之战》,《银行家》,2008年第1期,第59页。

孙云玉:《银行业并购与发展思考——基于荷兰银行收购案的分析》,《财会通讯:综合(中)》,2010年第4期,第9—10页。

甄峰:《市场力量与银行并购:以荷兰银行为例》,《银行家》,2011年第2期,第027页。

程桔华、卜庆华:《万向:围点打援的全球同心圆》,《三联竞争力》,2009年第3期。

赵峥:《万向收购美国公司的风险》,《新财富》,2001年第11期,第84—88页。

庄恩平、唐文文:《跨国收购失败教训何在——明基并购西门子案例剖析》,《商业研究》,2008年第12期,第59页。

周璐:《从明基并购西门子手机看企业跨国并购中文化差异的影响》,同济大学博士论文,2008年。

王三兴:《明基并购西门子手机部缘何失败?》,《中国外资》,2007 年第 2 期,第 34—35 页。

李尔笑:《明基梦碎西门子:一堂昂贵的跨国并购课》,《中外管理》,2006 年第 12 期,第 44 页。

朱丽:《“明基·西门子”反思:重在文化融合》,《东方企业文化》,2007 年第 12 期,第 54—55 页。

潘秀兰、郭艳玲、梁慧智:《米塔尔钢铁集团的全球并购发展战略》,《冶金信息导刊》,2006 年第 3 期。

金烨:《从米塔尔并购安塞乐看国际钢铁企业的并购》,《中国外贸》,2009 年第 4 期。

徐美竹:《米塔尔并购实施细节透视》,《冶金经济与管理》,2005 年第 5 期,第 25—27 页。

马飞:《米塔尔的并购想象力》,《商学院》,2007 年第 7 期,第 49—55 页。

赵淮芳、李小川、李镭:《世界钢铁并购第一案——米塔尔欲购阿塞洛及对中国钢铁业影响分析》,《冶金管理》,2006 年第 2 期,第 8 页。

蔡原江:《米塔尔的并购智慧》,《中国外汇》,2010 年第 13 期,第 47—48 页。

涂东晓:《米塔尔式并购》,《21 世纪商业评论》,2006 年第 6 期,第 66—69 页。

华碧云:《百炼成钢王:米塔尔的全球并购战略》,《企业家信息》,2007 年第 5 期,第 46—49 页。

王育琨:《索尼并购哥伦比亚:从泥沼到经典》,《IT 时代周刊》,2005 年第 3 期,第 108—109 页。

徐征峰:《索尼这次能走多远》,《环球财经》,2004 年第 6 期,第 68—70 页。

金盼:《企业并购成功的关键——以索尼的哥伦比亚并购案为例》,《东方企业文化》,2013 年第 3 期。

甄炳禧:《“索尼”进军好莱坞》,《世界知识》,1999 年第 22 期,第 9 页。

贾明:《日本对美国的另一种“收购”》,《国际展望》,1991 年第 12 期,第 11 页。

向农:《我所亲历的联想——IBM》,《微电脑世界》,2005 年第 4 期,第 50—53 页。

梅新育:《联想 -IBM 交易遇阻的启示》,《商业周刊》,2005 年第 3 期,第 8 页。

吴天:《论中国企业国际化扩张的动因——“联想”案例再分析》,《管理现代化》, 2009 年第 5 期，第 51—53 页。

丁峰、张鹏、王滨:《从联想并购 IBM PC 看“蛇吞象”的五大风险》,《新财经》, 2005 年第 1 期，第 56—59 页。

王军宏:《企业并购的人力资源管理策略——从联想集团与 IBM PC 的并购谈起》,《经济管理》, 2005 年第 7 期，第 86—89 页。

武勇、谭力文:《联想并购 IBM PC 的动机、整合与启示》,《经济管理》, 2006 年第 12 期，第 4 页。

隋敏、赵学强:《对我国企业跨国并购风险的再思考——由联想收购 IBM PC 业务引发的联想》,《山东经济》, 2005 年第 4 期，第 10 页。

金蓉:《并购后整合 (PMI) 过程中的评价问题研究——基于联想并购 IBM PC 业务的案例分析》,《经济师》, 2008 年第 2 期，第 19—21 页。

杨梦迦:《以联想并购 IBM 的 PC 业务为例谈文化整合》,《企业家天地：理论版》, 2010 年第 8 期，第 74—75 页。

刘文炳、张颖、张金鑫:《并购战略绩效评价研究——基于联想并购 IBM PC 业务的案例分析》,《生产力研究》, 2009 年第 14 期，第 92—93 页。

张容平:《日产与雷诺联姻后的增效减员措施》,《汽车科技》, 1999 年第 5 期，第 9 页。

冯刚琼:《浅析雷诺—日产联盟的协同效应》,《汽车科技》,2003年第4期,第17页。

肖卫:《日产的起死回生》,《决策与信息》, 2003 年第 10 期，第 20 页。

黎丹:《戈恩复兴日产的思维启示——读〈极度驾驭——日产的“文艺复兴”〉》,《中外企业家》, 2004 年第 6 期，第 8 页。

周见:《日本企业的再兴之路——日产汽车公司改革重组留下的启示》,《日本学刊》, 2005 年第 5 期，第 7 页。

姚树洁、刘贻佳、萨瑟兰·迪伦:《中国对外直接投资与海外资源寻求型并购——中铝并购力拓的案例分析》,《西安交通大学学报：社会科学版》, 2010 年第 2 期，第 41—49 页。

蒋姮:《把握跨国并购中的政治文化潜规则——中铝并购力拓集团 9% 股权的启

示》,《国际经济合作》, 2008 年第 8 期, 第 5 页。

单宝:《中铝收购力拓股权失败的原因及警示》,《国际经贸探索》, 2010 年第 1 期, 第 54—57 页。

刘纪鹏、刘妍、王晶晶:《中铝并购力拓对中央企业国际化战略的启示》,《国际经济评论》, 2009 年第 1 期, 第 59—62 页。

周慧兰、曹理达:《由中铝并购案引发的思考》,《金融博览》, 2009 年第 7 期, 第 16—18 页。

姚树洁:《中铝和力拓: 中国大型国企的海外长征》,《对外经贸实务》, 2009 年第 8 期, 第 4—7 页。

赵爱玲:《力拓毁约中铝为哪般?》,《中国对外贸易》, 2009 年第 7 期, 第 32—35 页。

朱兆珍:《反思中铝力拓并购案》,《企业管理》, 2009 年第 10 期, 第 16 页。

王秀丽、张旻:《合作共赢还是竞争威胁?——从 2009 年中铝力拓收购案看中澳报媒的国家利益导向》,《湖南师范大学社会科学学报》, 2011 年第 1 期, 第 135—139 页。

程苓峰:《马云:"资本被真正的企业家绑架了!"》,《中国企业家》, 2005 年第 17 期, 第 61 页。

毛学麟:《雅虎、阿里巴巴并购真相》,《新财富》, 2006 年第 1 期, 第 80—91 页。

李宽宽:《马云评说孙正义与惠特曼》,《21 世纪商业评论》, 2006 年第 11 期, 第 8 页。

唐化军:《阿里巴巴:"导演" 风投退出》,《商界(中国商业评论)》, 2006 年第 8 期, 第 66—67 页。

潘欣怡:《马云百年难遇的并购》,《浙商》, 2006 年第 2 期, 第 46—48 页。

蔡志元:《马云:大话阿里巴巴 102 年》,《中国经济信息》, 2006 年第 9 期, 第 70—71 页。

马云、万美元:《我眼中的孙正义》,《新经济导刊》, 2006 年第 10 期, 第 74 页。

王晓慧:《马云 VS 孙正义: 两个"疯子"的对话》,《新财经》, 2008 年第 9 期, 第 50—51 页。

逸风:《马云: 创业者的"旗帜"》,《中国新时代》2008 年第 10 期, 第 33—35 页。

胡跃兴:《兼并使汽车生产能力更加过剩》,《汽车与配件》, 1999 年第 30 期,第 18 页。

赵方庚:《宝马巨资投罗孚的得与失》,《世界汽车》,2000 年第 2 期，第 36—37 页。

尹晴:《改朝换代——罗孚》,《汽车与驾驶维修：汽车版》,2005 年第 9 期，第 23—25 页。

王治平、伯倩、马克:《宝马失身英伦病妇》,《三联竞争力》,2009 年第 6 期。

王勇志:《美国雀巢控股 Dreyer's 的冰淇淋产业》,《中外食品》,2002 年第 9 期，第 44 页。

默默:《案例：在并购中坚持自我——近观雀巢 CEO 布拉贝克先生》,《华东科技》,2003 年第 4 期，第 48—49 页。

龚伟同:《雀巢的 Z 字登山路线》,《商务周刊》,2004 年第 18 期，第 25 页。

袁婕:《雀巢的百年渐进》,《现代商业》,2012 年第 19 期。

尚全胜:《深发展变局》,《智囊·财经报道》,2003 年第 9 期，第 10—18 页。

姜占英:《新桥资本收购深发展案的思考》,《银行家》,2004 年第 8 期，第 25 页。

牛建明:《新桥参股深发展带来的思考系列报道之二——新桥入主深发展：长谋还是短图？》,《中国金融家》,2005 年第 2 期，第 65—66 页。

刘勘:《“新桥”退出给深发展提供了想象空间》,《经济导报》,2009 年第 10 期，第 45 页。

姚铮、汤彦峰:《商业银行引进境外战略投资者是否提升了公司价值——基于新桥投资收购深发展的案例分析》,《管理世界》,2009 年第 1 期。

蒋璐:《我国金融混业实施现状探讨——基于中国平安与深发展银行资产重组的案例分析》,《现代商贸工业》,2010 年第 22 期，第 213—214 页。

丛雪:《从中国平安与深发展银行深度重组看企业合并》,《中国外资》,2011 年第 2 期，第 149 页。

邵春燕:《中国平安收购深发展对中国金融业并购的启示》,《财务与会计》,2012 年第 8 期。

丁亚鹏:《品牌的能量并非大无边——从海尔多元化经营谈品牌延伸不可盲目》,《公关世界》,2002 年第 10 期，第 12 页。

苑玉凤:《海尔的多元化发展战略》,《湖北汽车工业学院学报》,2002 年第 2 期，第42—47页。

丁轩:《谈多元化战略的实施条件》,《商业研究》,2005年第9期,第26页。

路征:《上市公司多元化战略分析——以青岛海尔为例》,《湖南农机》,2006年第7期,第38页。

蒋颖:《多元化战略是馅饼还是陷阱——论海尔的非相关多元化战略》,《商场现代化》,2008年第12期,第38页。

孔宁宁:《公司投资战略的多元化与归核化选择——青岛海尔多元化战略解读》,《财会月刊:综合版》,2009年第9期,第59—61页。

王云秀、徐文钦:《家族企业的管理哲学:以王安电脑公司的破产为例》,《中国市场》,2007年第27期,第36—37页。

《王安电脑破产之谜》,《中国储运》,2009年第11期,第59—60页。

周贤彪:《中联重科:科研院所孕育的行业巨子》,《建设机械技术与管理》,2009年第9期。

左颖丹、何民庆:《中联重科并购CIFA:一次成功的战略性并购》,《企业导报》,2012年第8期,第46—47页。

邹容:《湘企派系老大(四)——“中联重科系”重型饕餮詹纯新》,《英才》,2004年第3期,第26页。

齐善鸿、张党珠、邢宝学:《中国企业跨国并购文化逆势整合模式研究——以中联重科并购CIFA为例》,《天津商业大学学报》,2013年第1期,第3—8页。

高鹤:《中联重科收购CIFA的背后》,《中国机电工业》,2008年第9期,第17页。

曹昌:《中国抵御国外“掠夺式”并购在行动——联想参股中联重科》,《中国经济周刊》,2006年第18期,第47页。

商永胜、吴文彪、黄海:《中国五矿集团公司全资收购OZ矿业主要资产经验浅谈》,《中国贸易救济》,2012年第9期,第20—22页。

黄海、商永胜:《五矿:打造国际矿业集团——中国五矿全资收购OZ矿业主要资产始末》,《中国有色金属》,2010年第9期,第58—59页。

赵娟:《中央企业海外并购策略分析——基于五矿集团收购澳OZ矿业公司的思考》,《特区经济》,2010年第7期,第220—221页。

张念、肖荣阁:《资源型企业跨国并购中的人力资源整合策略——以五矿集团收购澳大利亚OZ矿业有限公司为例》,《资源与产业》, 2012年第14期, 第24—29页。

曹虹:《对“可口可乐并购汇源果汁案”的评析》,《现代管理科学》,2008年第12期,第64—66页。

蔡高强、杨璐畅:《可口可乐并购汇源的法律思考——兼论跨国并购对民族品牌的机遇与挑战》,《行政与法》, 2009年第4期, 第21页。

谢鹏、余力:《可口可乐收购汇源被否的幕后博弈》,《新闻天地》, 2009年第5期,第22—24页。

黄新祥:《外资并购中民族品牌保护问题的思考——从可口可乐并购汇源果汁所想到的》,《商场现代化》, 2009年第2期。

孙晋、余黠:《我国外资并购反垄断规制的不确定性及对策——从被禁止的可口可乐并购汇源案谈起》,《东方法学》, 2010年第3期, 第96—108页。

黄坤、张昕竹:《可口可乐拟并购汇源案的竞争损害分析》,《中国工业经济》,2010年第12期, 第86—96页。

江涌:《全球化没有改变“国家利益至上”观——对娃哈哈,达能并购争论的思考》,《世界知识》, 2007年第15期, 第38—40页。

林深:《达能“强娶”娃哈哈: 一场10年的预谋? 》,《中国经济周刊》, 2007年第17期, 第28—29页。

韩保红、姜晓华:《达能火并娃哈哈暴露民族品牌生存危机》,《产权导刊》, 2007年第6期, 第5页。

东方愚:《达能与娃哈哈: 谁给谁设套》,《新财经》, 2007年第5期, 第40页。

马晓云:《达能娃哈哈并购案的品牌经济分析》,《甘肃理论学刊》, 2008年第3期,第16页。

李维安、张耀伟:《中国企业在国际并购中欠缺什么? ——娃哈哈与达能之争的启示》,《资本市场》, 2009年第2期, 第114—116页。

陈菲琼, 虞旭丹:《联盟关系风险生成机制研究: 以娃哈哈为例》,《科研管理》,2010年第6期, 第159—166页。

裴静怡:《宝洁完成史上量大并购 570 亿美元如愿揽得吉列》,《市场论坛》,

2005 年第 9 期，第 141 页。

陈法新:《前路有多漫长——宝洁（中国）成长之途》,《日用化学品科学》，2005 年第 3 期，第 2—6 页。

甄伟丽、何琪:《中国快速消费品市场对跨国公司的影响——以宝洁(中国)为例》,《当代经理人(下旬刊)》，2006 年第 12 期，第 26 页。

杨燕婷、雷伊苇:《宝洁中国本土化的战略解析》,《商品与质量·科学理论》，2011 年第 7 期。

董言:《周鸿祎与雅虎中国的合力》,《电子商务》，2004 年第 3 期，第 3 页。

郭开森:《雅虎还需要周鸿祎吗》,《IT 经理世界》，2005 年第 7 期，第 36 页。

西里:《雅虎中国区总裁周鸿祎宣布辞职》,《中国计算机用户》，2005 年第 26 期，第 15 页。

陆振华:《周鸿祎：摆不平的雅虎中国是只“兔子”》,《中国新时代》,2006 年第 1 期，第 50—51 页。

周鸿祎:《雅虎衰落的罪责是杨致远过于幼稚》,《IT 时代周刊》，2009 年第 21 期，第 42 页。

孟昭奇:《eBay 入股易趣——中国电子商务的新生》,《社会科学动态》，2002 年第 7 期，第 18 页。

范炜:《eBay 易趣走进后邵亦波时代》,《电子商务世界》，2004 年第 12 期。

余萍:《eBay：中国涅槃》,《销售与市场（评论版）》，2010 年第 12 期，第 24 页。

刘国明:《青岛啤酒并购战略研究》，对外经济贸易大学硕士论文,2005 年。

陈宝森:《青岛啤酒的并购动因、方式、财务绩效研究》，电子科技大学博士论文，2005 年。

刘晓红、曹莹:《浅析青岛啤酒并购》,《华商》，2008 年第 15 期，第 29 页。

郭立:《现代企业并购模式研究——以青岛啤酒集团公司为例》,《东北财经大学学报》，2009 年第 6 期，第 33—37 页。

杨益红:《以青岛啤酒并购为例谈资本运营与并购》,《现代商业》，2013 年第 4 期，第 115 页。

庄恩平:《跨国公司文化冲突与融合——戴姆勒—克莱斯勒案例分析》,《管理现代化》, 2002年第4期, 第53—56页。

李丽:《浅析国际商务谈判中的文化差异——从戴姆勒—克莱斯勒的案例谈起》,《商场现代化》, 2006年第11期, 第10页。

郝红梅:《“汽车航母”横跨大西洋——奔驰并购克莱斯勒》,《国际经济合作》, 1999年第12期, 第35—38页。

孙宇光:《从“戴姆勒—奔驰”与“克莱斯勒”合并案例看收益法在企业并购中的运用》,《中国资产评估》, 2004年第1期, 第7页。

丁绍宽:《我国金融控股公司监管制度之完善——写在德隆高管获罪之际》,《法学》, 2006年第8期, 第114—121页。

王林:《德隆系崩溃的企业预警分析》,《生产力研究》, 2006年第8期, 第98页。

缪膨冲:《基于德隆系的并购融资问题研究》, 厦门大学硕士论文, 2007年。

田爱丽:《10亿美元收购“好又多”沃尔玛图谋中国零售业龙头》,《中国品牌》, 2006年第3期, 第11页。

雷保中:《沃尔玛收购好又多——潜藏的危险》,《产权导刊》, 2007年第4期, 第8页。

张一骋:《沃尔玛三板斧“蚕食”好又多》,《科技与企业》,2009年第5期,第26页。

曹磊:《沃尔玛收购台湾好又多的案例分析》,《企业导报》,2010年第3期,第38页。

林艾涛:《沃尔玛再度推迟控股好又多 零售巨头中国扩张计划或遇阻》,《IT时代周刊》, 2011年第12期, 第42—43页。

汤谷良、龙丽、林常青:《美国在线与时代华纳合并的财务思考》,《财务与会计》, 2000年第9期, 第16—17页。

廖军祥、陈伟、姜永德:《美国在线与时代华纳并购失败案例思考》,《商业会计》, 2003年第7期, 第10页。

黄明:《并购史上最大的败局——美国在线收购时代华纳》,《董事会》2009年第6期, 第68—69页。

张立勤:《传媒并购的文化冲突成因及其整合路径——美国在线－时代华纳并购败局的启示》,《中国记者》, 2010年第5期, 第94—95页。

刘兆明:《时代华纳、美国在线的合并为何终结》,《新闻记者》, 2010年第3期,第 59—60 页。

白明:《大众保时捷娶嫁大反转》,《商界：评论》, 2009 年第 9 期，第 29 页。

林志轩:《保时捷收购大众：一场收购与被收购的游戏》,《汽车与配件》, 2009 年第 41 期，第 6 页。

晓蹇:《大众收购保时捷阴谋还是阳谋》,《时代汽车》, 2009 年第 9 期，第 27 页。

刘婧:《不胜在己,可胜在敌——保时捷“蛇吞象”失败的深层次分析》,《致富时代：下半月》, 2010 年第 12 期，第 134—135 页。

黄爱华:《大众反并购保时捷的分析与启示》,《致富时代：下半月》, 2010 年第 12 期，第 60—61 页。

邱一丹:《反购保时捷大众“超体量”征战》,《中国外资》, 2012 年第 15 期，第 56—57 页。

侯丹丹:《18.1 亿欧元收购平保入主富通集团》,《企业家信息》, 2008 年第 1 期，第 71—72 页。

赵弘真:《中国平安投资富通集团案例研究》, 上海交通大学硕士论文, 2009 年。

耿明英:《平安保险收购富通的败局值得反思》,《武汉金融》, 2010 年第 10 期，第 51—52 页。

张家婧、孙福明:《中国企业海外并购筹备阶段财务风险分析——以中国平安收购富通集团为例》,《科技和产业》, 2013 年第 2 期，第 100—102 页。

李文绚、唐润华:《维旺迪：盲目快速扩张酿苦果》,《中国记者》, 2002 年第 9 期，第 32 页。

蒋春柳:《传媒并购中的文化整合——另一个角度解读维旺迪的失败》,《传媒观察》, 2005 年第 4 期，第 25—26 页。

庄恩平、汤进华:《跨国并购中的文化整合——上汽双龙并购案例跨文化剖析》,《商场现代化》, 2007 年第 22 期，第 297—298 页。

袁庆宏:《中国企业跨国并购中的劳资关系问题——上汽双龙公司在韩工厂罢工风波引发的思考》,《中国人力资源开发》, 2007 年第 3 期，第 38—41 页。

黄慧:《从上汽－韩国双龙事件看我国对外投资——国内汽车业首个跨国并购案评析》,《上海商学院学报》, 2009 年第 10 期。

刘丹丹、林凤:《跨国并购 文化先行——基于上汽并购双龙案的案例分析》,《江苏科技信息》, 2010 年第 12 期, 第 6 页。

冯亚楠、马东梅、姚瑞婷:《中国企业海外并购研究——以上汽集团收购韩国双龙为例》,《管理学家》, 2013 年第 1 期。

石云鸣:《中国汽车企业对外直接投资中的技术获取路径——上汽集团并购韩国双龙的案例研究》,《技术经济》, 2013 年第 3 期, 第 7—12 页。

胡宗利:《华源充满变数的并购胃口》,《医药产业资讯 ISTIC》, 2005 年第 3 期。

刘娟:《从华源危机看并购财务风险》,《商业会计: 下半月》, 2006 年第 10 期, 第 40—41 页。

朱爱丽:《基于财务视角的华源并购失败案例分析》,《财务与会计》, 2007 年第 21 期, 第 3 页。

邱红光、尚秀霞:《并购实务: 华润重组华源》,《上海国资》, 2007 年第 3 期, 第 89—93 页。

夏由:《从盛大控股新浪看反收购博弈》,《新浪潮》, 2005 年第 4 期, 第 18—19 页。

采洪:《从盛大收购新浪看中国企业并购市场新特点》,《产权导刊》, 2005 年第 4 期, 第 54 页。

薛峰:《透视盛大收购新浪》,《中外管理》, 2005 年第 4 期, 第 76—77 页。

张翼长:《惊天大并购——盛大收购新浪始末》,《财富智慧》, 2005 年第 4 期, 第 27 页。

王峰松:《惠普康柏牵手 IT 走向何方? 》,《电子计算机与外部设备》, 2001 年第 10 期, 第 4 页。

丁飞洋:《新惠普: 整合一年间》,《商学院》, 2003 年第 7 期, 第 2—5 页。

吴光明、施长江、杨勇:《惠普 & 康柏并购的动因辨析及风险假设》,《商业研究》, 2003 年第 23 期, 第 49 页。

根传:《菲奥莉娜: 美丽 CEO 的七宗罪》,《中国工商》, 2005 年第 3 期, 第 127—129 页。

邓洪波、尧秋根:《惠普帝国需要什么样的 CEO》,《时代经贸》, 2005 年第 3 期, 第 54—57 页。

翁鑫:《浅论“惠普并购康柏”》,《商业文化(学术版)》,2009年第3期,第37页。

哈特利·罗伯特:《菲奥莉娜,失败的领导者?》,《当代经理人》,2010年第3期,第112—113页。

贺军:《中国企业从中海油并购失利中能学到什么?》,《中国投资》,2005年第9期,第63—64页。

常新人:《中海油退出竞购优尼科透视》,《记者观察》,2005年第10期,第11页。

单宝:《中海油竞购优尼科失败的原因及其教训》,《国际贸易》,2005年第10期,第14—17页。

徐芳:《海外并购的额外法律风险及其对策——由“中海油并购优尼科案”引发的思考》,《法商研究》,2006年第5期,第75—80页。

叶渠茂、蒋红军:《中海油并购优尼科的政治经济学分析》,《理论月刊》。2006年第8期,第37页。

何易:《美国境内外资并购中的国家安全审查制度——以中海油并购尤尼科案为例的分析》,《国际经济法学刊》,2007年第1期,第6页。

梁咏:《美国国家安全体制下的中国海外投资保障研究——基于中海油收购优尼科案分析的视角》,《国际商务研究》,2009年第1期,第6页。

范珊珊:《中海油豪赌尼克森》,《能源》,2012年第9期,第68—69页。

牟雪江:《中海油“迎娶”尼克森——中海油成功收购尼克森面对整合新挑战》,《中国石油企业》,2012年第3期,第32—34页。

秦风:《中海油马拉松式并购尼克森的背后》,《能源评论》,2013年第1期,第88—90页。

跋：投资的术与道

所谓投资，概而言之，无非翻覆资本以求利其中。天下熙攘，无过利来利往，此间千帆竞发、百舸争流，然求者熙熙，得者寥寥，缘何如此？盖因凡夫俗子对顺势而为一事或忽之或嗤之。妄借一己之力逆行于滔滔洪流者，奈何孤舟飘摇，终不过葬身鱼腹。无意得势而成英雄者，若不深省此道，待潮流得变而无能应之，前之所得亦会随波而下，过往荣华不过水月镜花。唯得窥大道之势顺其自然者，方可凭因缘际会直挂云帆、长风破浪，欣欣然睥睨天下。见微知著、睹始知终，知大道之行者终成王霸。知势力所向、得天道深缘，定能快人一步得抢先机，势单身弱者可借四两之力搏千斤强敌，君侯贵胄者可于卧榻之上安然酣睡。

何以知时势之变、天机深浅？世人多喜攀缘捷径，以道听途说所得成功者言为至宝。多有莽撞者，得此只字片言，谓之投资不过尔尔、人皆可为。君不见，一将功成万骨枯，知浅行速自戕己身者累累不可胜数。颂因功成而歌，无赋山中寥落处寂寂白骨。便是名家现身说法之言，于局外众生也须警惕。一则身在山外，难以尽知彼时种种牵丝攀藤、犹豫瞻顾。局中人的生死劫不过观者茶余谈资，非身临其境难以得悟成败真谛。二则言语流转多虚妄杂糅，众生非迦叶，何以参拈花妙语？未具尊者慧眼，怎可察渊中游鱼。三则世事无常，去者经验汇聚难保来者顺遂。拘泥于过往之境，反易作茧自缚、为萧何身死。若仅尊一二蜚语为精要，奉千金而草率掷之，不过避吉就凶、浑噩不慎，终将粉身碎骨、湮没不闻。

心念精深者则化繁为简、去叶留枝依逻辑推演以求因果，时下经济学研究中的数理模型之兴盛可见一斑。仿真模型客观严谨，也须谨慎。得学院派赏识推崇的逻辑推理为求理论完美而视现实残酷为无物，数理模型所依赖之严苛假设于现世之中极易挂一漏万。境无常势，难以周全，反会引发不当投机。量化分析之理想经济实体在现实难以觅得，即使将市场因素考虑周全，也多因忽视政治权力运作模式之利益妥协以及不可估量之桌下交易而失之毫厘，谬之千里。

诸多计算大多管中窥豹、其成败精要在于思虑是否周全。与其求一寸缥缈因果，不若见机而行。三千婆娑，大道所行若巨浪落崖，势决昆仑、奔肆滔天，若得悟大道之势，对世事诸境了然于胸，便是殷雷夜震亦可哨然自若，此为本书的缘起之机。《易》之一书，古为卜算规矩，融义理、象数为一体，参天地通万物以求未卜先知。本书取其哲理天道，借《易经》卦象之境参时势应对，借势力之变喻投资之道，于万幻之中求进退得宜。本书所录案例，手笔皆出自当世骁勇豪杰之辈，其间百千辛酸难为外人所解，旁观之人多隔水望山，或成或败，尽在机缘。况一家之言，不过海粟，是以吾等姑妄述之，仅供诸公同仁切磋消遣尔。